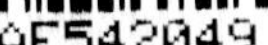

RÈGLES

DE

L'ORTHOGRAPHE FRANÇAISE

OU

GRAMMAIRE,

PAR

M. P. Canihac-Bélair,

MEMBRE DE L'UNIVERSITÉ.

Prix : 75 Centimes.

PARIS,

LIBRAIRIE PAUL DUPONT, RUE DE GRENELLE-SAINT-HONORÉ, 45.

BORDEAUX,
H. MULLER, LIBRAIRE,
Rue Sainte-Catherine, 98.

TOULOUSE,
L. BOURDIN, LIBRAIRE,
Rue des Balances, 7.

MONTAUBAN,

EUG. DELONCLE, LIBRAIRE, PLACE IMPÉRIALE.

1861.

Tous les exemplaires sont revêtus de la griffe de l'auteur.

L'auteur s'est dispensé avec quelque raison d'entrer dans de très-amples explications, persuadé que le maître les suppléerait facilement et plus rationnellement selon les besoins et l'intelligence de ses élèves.— Toujours est-il qu'au moyen de ce petit livre, l'enfant arrivera d'une manière aussi précise et aussi sûre que possible à la connaissance usuelle de l'orthographe si difficile de la langue française. Souvent telle règle qu'il aura perdue de vue lui reviendra facilement à la mémoire par le simple examen des exemples mis en regard dans une colonne spéciale : cette disposition a des avantages qu'on ne tardera pas à apprécier.

Les devoirs indiqués après chaque leçon, devoirs qui se répètent, se multiplient selon les besoins de l'élève et l'appréciation de l'instituteur, concourront puissamment à activer les progrès des enfants; et ces exercices, laissés au choix du maître, ont l'avantage d'être appropriés ainsi à chaque intelligence, car personne n'ignore que tel devoir donné dans une école, n'offre souvent qu'un bien faible intérêt dans une autre... Donc à même leçon, mêmes devoirs, c'est vrai; mais faut-il les exprimer par les mêmes phrases dans toutes les classes?... nous ne le pensons pas. — Tout recueil d'exercices, tout passage d'un livre pouvant fournir les applications nécessaires aux règles contenues dans cet ouvrage, nous ne craignons pas d'ajouter que la lacune de devoirs écrits dans le texte n'est pas sans profit.

C'est aussi, selon nous, une addition utile que celle des noms composés et de ces mots dont l'orthographe offre tant d'embarras, et qui néanmoins, après des exercices réitérés, se classent dans la mémoire.

D'un autre côté, nous avons retranché quelques classifications qui nous ont paru peu fondées, et nous pensons que tout professeur verra avec plaisir la suppression des verbes passifs et des verbes neutres.

Un autre avantage de cette Grammaire, celui qui pourrait avoir quelque mérite, c'est que chaque partie du discours forme un tout complet. Dès-lors les consultations deviennent faciles, les recherches fructueuses, et tout tâtonnement est impossible.

En apprenant à lire, les enfants ont été exercés à distinguer les noms, les adjectis, les pronoms, les verbes...; c'est ce qui nous a engagé à placer au commencement la *ponctuation*, souvent négligée, l'*emploi des accents*...

C.-B.

Montauban, Imp. de FORESTIÉ NEVEU, rue du Vieux-Palais, 23.

RÈGLES DE L'ORTHOGRAPHE FRANÇAISE

OU

GRAMMAIRE.

ORTHOGRAPHE.

Lettres, Signes orthographiques, etc.

1. Les **Mots** servent à exprimer nos idées et à les communiquer à nos semblables.

Dieu créa le monde en six jours, 4004 ans avant Jésus-Christ.

Les mots s'énoncent par la parole et se représentent par des signes appelés *Lettres*.

La sagesse est le vrai trésor de l'enfance.

2. L'**Orthographe** consiste à écrire les mots avec toutes les lettres et autres signes de convention.

Vérité, pôle, cieux, vieillard, voie, voix, décès, excès.

3. L'ensemble des lettres employées pour représenter les mots se nomme **Alphabet.**

A B C D E F G H I J K L M N O P Q R S T U V X Y Z.

Les autres signes se nomment *Signes orthographiques* et de *ponctuation*.

´ ` ^ , ; . : ! ? « »)

4. L'alphabet français a vingt-cinq lettres : six sont appelées *voyelles* ou *sons*, et dix-neuf sont appelées *consonnes*. (*)

a b c d **e** f g h **i** j k l m n **o** p q r s t **u** v x **y** z.

a e i o u y sont les voyelles ou sons; elles ne forment réellement que cinq sons, puisque *i* et *y* ont le même.

Ami, été, étui, invariabilité, syllabe, café, titre, style.

(*) Les sourds-muets ont un alphabet manuel (386), au moyen duquel ils ne tardent pas à converser facilement.

Les aveugles lisent sur des livres imprimés exprès pour eux, et dans lesquels les lettres sont grosses et en relief. Ils lisent couramment, et souvent en peu de temps, en faisant glisser le bout du doigt sur ces lettres.

Les numéros entre parenthèses renvoient à une autre règle.

b c d f g h j k l m n p q r s t v x z sont les consonnes ; elles ne peuvent se prononcer sans voyelle.	Grande, exempt, champ, compte.
5. Il y a encore des *voyelles composées*, c'est-à-dire formées de plusieurs lettres; ce sont : *ai, au, æ, ei, eu, œu, oi, ou.*	Faute, pour, pain, heure, œuvre, loi, peine, Seine.
Il y a aussi des *consonnes composées;* ce sont : *ch, gn, ill, ph.*	Chasseur, agneau, phrase, bouteille.
6. La réunion des lettres qu'on prononce d'une seule émission de voix forment une *Syllabe.*	Pla-ce, qua-tor-ze, sain-te-té, quand, in-vin-ci-ble.
La syllabe peut n'avoir qu'une lettre; dans ce cas, cette lettre est une voyelle.	A-a-ron, pi-é-té, Mo-ï-se, u-ser.
Si la syllabe fait entendre deux sons, on la nomme *diphthongue.*	Ques-tion, pi-tié, vian-de, buis-son.
On prononce les mots par syllabes. Il y a, en général, dans un mot autant de syllabes qu'il y a de voyelles simples ou composées. — Les diphthongues ne comptent que pour une syllabe.	Le pe-tit Lou-is, en pour-sui-vant un han-ne-ton, s'é-ga-ra dans la fo-rêt.
7. Les mots qui n'ont qu'une syllabe se nomment *monosyllabes*, ceux qui en ont plusieurs se nomment *polysyllabes.*	Nos gants sont sur la seconde tablette.
8. On connaît ordinairement la finale ou *terminaison* d'un mot, en consultant un de ses *dérivés*, c'est-à-dire un mot plus long qui en est formé.	Abus, *abuser*. Camp, *campagne*. Strict, *strictement*. Bond, *bondir*. Fin, *finale*.

DEVOIRS : — I. *L'élève écrit 5, 10... mots renfermant chacun trois voyelles. — 5, 10, 15... mots renfermant des voyelles composées..., des consonnes composées.* — II. *25 mots d'une syllabe, de deux, de trois...* — III. *Extraire de sa leçon les mots renfermant une diphthongue; en ajouter.* — IV. *Trouver le mot primitif de 20, 30... mots que le maître dicte.*

9. LES SIGNES ORTHOGRAPHIQUES FRANÇAIS SONT :

L'accent aigu,	´	La virgule,	,	Le trait d'union,	-
L'accent grave,	`	Le point-virgule,	;	Le trait ou tiret,	—
L'accent circonflexe,	^	Les deux points,	:	Les guillemets,	« »
L'apostrophe,	'	Le point,	.	La parenthèse,	( )
La cédille,	¸	Point d'interrogation,	?	Les crochets,	[ ]
Le tréma,	¨	Point d'exclamation,	!	Points de suspension,	...

NOTA. — *On peut passer à l'étude des mots* (63), *et ne revenir aux* Observations sur les lettres *qu'au besoin, ou bien à une seconde lecture.*

Observations sur les Lettres.

10. A. a ne se prononce pas dans *août, aoûteron, Saône, taon.*

Au mois d'août, il traversera la Saône.

a avec *u* forme le son *ô; a* avec *i* forme le son *è*.

J'aurai une affaire à traiter demain.

a suivi de *ill* se prononce séparément de *i*, ainsi que dans *ail* à la fin d'un mot.

Travailler, émail, poitrail, travail, ail.

11. B. b veut devant lui un *m* et non un *n*.

Plomb, chambre; *bonbon* est excepté.

b est double dans *abbé, abbaye, rabbin, sabbat.*

Le sabbat correspond au samedi.

12. C. c se prononce de deux manières, *se* et *ke* : *se* devant *e i y*, et *ke* devant une consonne et devant *a o u*.

Ceci vous causera une certaine crainte.

Si le *c* placé devant *a o u* doit se prononcer *se*, il prend alors une cédille.

Le maçon vient de terminer la façade de l'édifice.

c avec *h* forme la consonne composée *ch*.

Choix, chevalier, choc, chute.

ch(*) = *k* devant une consonne, et dans quelques mots, tels que *anachorète, choléra, chaos, archange, lichen, etc.* (380).

Le chlore blanchit et purifie.

Archange, choléra.

En latin *ch* se prononce toujours *k*.

Brachium, chorus.

c = *g* dans second et ses dérivés.

La seconde partie.

13. D. d se double dans *reddition*, et dans *addition* et ses dérivés.

La reddition d'Iéna. Note additionnelle.

d, à la fin d'un mot, a le son de *t* s'il suit un autre mot commençant par une voyelle ou une *h* muette.

Un grand arbre. Il se rend à Paris. Le grand homme.

14. E. e est muet, fermé ou ouvert.

e é è

L'*e muet* se prononce peu ou point; — il finit en général la syllabe et n'a point d'accent.

Le marchand paiera ce compte avant une heure.

L'*é fermé* se prononce la bouche un peu fermée; — il se marque d'un accent aigu s'il termine la syllabe.

La vérité. Du café bien préparé.

L'*è* ouvert se prononce la bouche plus ouverte; — il se marque de l'accent grave pourvu qu'il termine la syllabe; L'accent circonflexe tient lieu de l'accent grave.

Un père sévère. L'agneau bêle. Les mêmes mystères.

(*) Ce signe = signifie : *égale.*

En général, l'*e* est ouvert s'il est suivi d'une syllabe muette.

Une douleur muette et inquiète.

L'*e* qui ne finit pas la syllabe est fermé ou ouvert, mais il ne prend point d'accent.

Quelle nouvelle apportez-vous?

Les lettres ajoutées à la fin d'un mot, après un *e*, pour cause d'accord de genre et de nombre, ne changent nullement cet *e*; s'il était muet, il reste muet; s'il était fermé, il l'est encore et conserve l'accent.

Toute la famille, toute*s* les famille*s*; le côté, un carré, les côté*s*, les carré*s*; la joie, les joie*s*; un livre déchiré, une carte déchiré*e*.

15. e suivi de *x* ne prend jamais d'accent:

Exercice, complexe, flexible.

16. e avec *m* forme le son *am*, et avec *n* il forme le son *an*, pourvu que *em*, *en*, appartiennent à la même syllabe.

Tempête, empire, souvent, moment, semence, *soutenu*.

en = *ein* dans les diphthongues *ien*, et dans quelques mots, tels que *appendice, dolmen, spécimen, etc.* (379).

Chrétien, bien, physicien, le mien, entretien; envoyez-moi un spécimen.

Les mots *client, orient, science, expérience, patience* et leur dérivés conservent le son *an* exprimé par *en*.

Nous venons de l'Orient; modérez votre impatience.

em = *eim* dans les mots *décemvir, harem, hem, idem, requiem*.

Les décemvirs abusèrent de l'autorité.

17. F. f se double dans les mots qui commencent par *aff, eff, suff* et *souff*; excepté *afin, éfaufiler*, le *soufre*.

L'affliction et les souffrances de cette vie effraient.

f est simple dans les mots qui commencent par *prof, préf, réf*.

Ce professeur n'a aucune préférence.

18. G. g a deux prononciations : *je* devant *e i y*, et *gue* partout ailleurs.

Genêt, gîte, Égypte; garde, gloire.

g avec *n* forme la consonne composée *gn*.

Les vignes de la Bourgogne plaisent.

19. H. Au commencement d'un mot, la lettre **h** peut être nulle; on dit alors qu'elle est *muette*, et l'élision a lieu (44) ainsi que la liaison des mots.

L'homme a cette habitude.

Ou bien *h* compte comme toute autre consonne; on l'appelle, dans ce cas, *h aspirée*, et l'élision ni la liaison des mots, en lisant ou en parlant, ne peuvent avoir lieu.

Dans le hameau on tua, hier, trois hérissons.

N'ayez pas honte d'être humain.

h est aspirée dans *héros* et non dans ses dérivés : *héroïque*, *héroïne*, *héroïsme*.

L'héroïne de Vaucouleurs a surpassé bien des héros.

20. I. i avec *m* forme le son *eim*, et suivi de *n* il forme le son *ein*, pourvu que *im*, *in* appartiennent à la même syllabe.

Le prince, afin de s'instruire, ne perd pas un instant. Il importe de l'*imiter*.

i conserve sa voix s'il est suivi de deux *m* ou de deux *n*.

L'innocente enfant reste immobile.

i suivi de deux *l* forme la consonne composée *mouillée ill*. — Cependant *ville*, *mille*, *anguille*, *tranquille*, se prononcent *vile*, *mile*, *anguile*, *tranquile*.

La famille travaille, les faucilles sont prêtes. *Tranquillisez*-vous.

21. J. j a toujours la même prononciation, *je*.

Jardin, joie, jeune, préjudice.

22. K. k conserve toujours sa dure prononciation, *que*.

Kilogramme, képi, kiosque.

23. L. l se double dans la plus grande partie des mots qui commencent par *al*, *col*, *il*. Il y a quelques exceptions.

Allumer, collier, illusion, allure.

Alun, *île*, *colère*.

lh dans l'intérieur des noms se prononcent comme la consonne *ill*.

Meilhan, Milhau, Verlhac, Castilhon, gentilhomme.

24. M. On met un **m** et non un *n* devant le *b*, le *p* ou le *m* (11). On excepte le mot *néanmoins*.

Pompe, tomber, immense, cymbale.

m est nul dans *automne*, et non dans *automnal*.

Fruit d'automne. Fleurs automnales.

m = *n* dans *damner* et ses dérivés *condamner*, etc.

La damnation éternelle.

25. N. n change l'*e* placé devant lui en *a*, et l'*i* en *è* (16, 20).

Industrie, pin, prudent, sens.

26. O. o est nul dans *paon*, *faon*, *Laon*.

Le faon est le petit de la biche.

o avec *i* forme la voyelle composée *oi*.

Soie, boîte, toile.

o avec *u* forme la voyelle composée *ou*.

Soupe, laboureur.

oo se prononce *ou* dans *groom*, *Cooper*, *Liverpool* (prononcez *Coupre*.)

Un groom diligent arrive de Liverpool.

27. P. p se double dans les mots qui commencent par *oppo* et par *oppr*. ; — Les autres mots en *op* ne prennent qu'un *p*.

Oppression, opposé, opportunité.

Opinion, opuscule, opaque.

La plus grande partie des mots en *ap* prennent deux *p*.	Appartenir, appel. ***Apaiser, aperçu...***
p avec *h* forme la consonne composée *ph*.	Phare, pharmacien, phosphore.
28. Tous les mots qui expriment multiplicité prennent un *p*, excepté *doubler* qui a un *b*.	Tripler, décupler, centuple, quadruple ***Doublez*** cette lame.
29. Q. q est toujours suivi d'un *u*, excepté à la fin des mots.	Quille, lorsqu'elle. Coq, cinq.
qua se prononce *quoi* dans *équateur, équation, aquatique, quadragénaire, quadrilatère, quadrupède, quadruple, quatuor, quakre.*	Les ***quadrupèdes*** sont des animaux à quatre pieds.
qu conserve le son *cu* dans *questeur, quintuple, quinquennal, équitation, équiangle, équilatéral.*	Une statue équestre ; le recensement quinquennal.
On met un *c* devant *qu* dans les mots *grecque, acquérir, acquiescer, acquit, acquitter,* se *racquitter.*	Il acquit de grands biens. La langue grecque.
30. R. r termine les noms d'arbre et de métier.	Noyer, peuplier, menuisier, chapelier
La plus grande partie des mots en *cor* et en *ir* prennent deux *r* si une voyelle suit. Il y a quelques exceptions.	Corriger, correct, irritation, irruption. *Corail, coriace, iris ironie, corolle.*
31. S. s placé entre deux voyelles se prononce comme *z*, excepté dans *préséance, cosinus, désuétude, présupposer.*	Présent, prise, oisif, les enfants. Cette loi tombe en désuétude.
32. T. t se double dans la plus grande partie des mots qui commencent par *at.* — Mots exceptés : *atelier, atermoyer, athée, athénée, atome, atonie, atout, âtre, atroce, atrophée.*	Attelez votre cheval ; après l'avoir attaché, attendez-moi dans l'***atelier***.
tion se prononce *sion*, excepté dans *gestion, question.* *t* = *s.* devant *ia, iel, ieux : minutieux, substantiel, initiales* (383.)	Le garde national balbutia une excuse prétentieuse.
33. U. u perd sa voix dans les voyelles composées *au, ou;* le tréma la lui rend (50.)	Saul, Saül; Toulouse, Danaüs.

um, à la fin des mots, se prononce *ome*, ainsi que dans les mots *triumvir, circumnavigation, rumb*. *Parfum* se prononce *parfeun*.	Album, pensum, rhum, minimum, ultimatum, minium.
34. V. v a toujours la même prononciation, *ve*.	Voyez nos travaux.
w = *ou* dans *whig, wiski, whist*.	Votre wisky a une roue brisée.
w = *v* dans *wagon, Westphalie*.	Le wagon est parti.
w = *eu* dans *Newton, New-Yorck, New-Jersey*.	Newton est un savant anglais.
35. X. x égale ordinairement *cs* (378.)	Maxime, expression.
x égale quelquefois *gz* (377.)	Exil, exemple, examen.
x égale deux *ss* dans *Auxerre, Auxonne, Bruxelles, soixante*.	De Bruxelles, nous vînmes à Auxerre.
x = *z* dans *deuxième, sixième, dixième*.	J'ai lu la dixième page de ce livre.
36. Y. y compte pour deux *i* après une voyelle, et pour un *i* après une consonne.	Moyen, crayon, pays, style, système
37. Z. z se prononce à la fin des mots *Rodez, Suez, gaz, ranz* des vaches.	Rodez possède une antique cathédrale.

Emploi des majuscules.

38. Les lettres de l'alphabet sont majuscules ou minuscules.	A B C D E F... a b c d e f g h...
Les lettres inclinées se nomment *italiques*.	*Marseille fut fondée* 600 *ans av.* J.-C
On doit mettre une lettre majuscule :	
1° Au commencement de chaque phrase et de citation.	Aide-toi, et Dieu t'aidera. Le travail conduit à l'aisance.
2° Au commencement de chaque nom propre et de tout mot employé comme nom propre.	Turenne, Villars, Antoine, les Belges, le Très-Haut.
3° Au commencement de chaque vers.	Qu'un sort prospère De vos longs jours Marque le cours.

DEVOIRS : — I. *Relever de la dictée ou de la leçon les mots qui ont des* e *muets, des* é *fermés marqués, des* è *ouverts marqués.* — II. *L'élève écrit 10, 20... mots ayant des* é *fermés, des* e *muets, des* è *ouverts.* — III. *Trouver 20... mots ayant des* é *fermés ou ouverts sans accent.* — IV. *Ecrire 10, 20... mots ou* em *se prononce* am, *dire ceux qui conservent le son* eim. — V. *5, 10... mots où* en = an. — *Autant où* en = ein. — VI. *Ecrire ou relever 15, 20... mots où* en, em, *n'appartiennent pas à la même syllabe.* — VII. *Donner le sens des mots d'un des devoirs précédents.* — VIII. *Faire expliquer par écrit pourquoi on a mis une majuscule à tel ou tel mot de la leçon.*

Devoirs analogues sur les autres lettres.

EMPLOI DES SIGNES ORTHOGRAPHIQUES.

Des Accents.

39. Les **Accents** sont de petits signes que l'on place sur certaines voyelles.

Il y a trois accents : l'accent aigu (´), l'accent grave (`), l'accent circonflexe (^).

Médité, propreté, frère, août, trône.

40. L'accent aigu se place sur les **é** fermés qui terminent la syllabe (14).

Propriété, pensée, cavité, éveillé.

41. L'accent grave se place sur les **è** ouverts qui terminent la syllabe (14).

Dieu vous réserve un sort prospère.

Les mots en *ége* prennent cependant l'accent aigu. Quelques auteurs laissent l'accent grave.

Il protégera les élèves du collége. Nous abrégerons.

L'accent grave se met encore :
Sur les prépositions *à*, *dès*, *après*, *près de*, *auprès de*, *voilà*.

Vous viendrez après votre travail. Restez près de votre mère.

Sur les adverbes, *là, où, très, çà, deçà, déjà, delà, exprès.*

Bénarès est en deçà du Gange.

Sur quelques noms, tels que : *cyprès, exprès, excès, décès, succès, progrès.*

Un exprès m'annonça le décès de ma sœur.

42. L'accent circonflexe se place sur les mots qui ont aujourd'hui une lettre de moins qu'autrefois. — (On appuie plus longtemps sur la syllabe qui le porte.)

Tête (teste).
Sûr (seur).
Hôpital (hospital).
Épître (épistre).

Les mots en **ême** prennent en général l'accent circonflexe.

Les mêmes emblêmes s'y rencontrent.

Les pronoms *le nôtre, le vôtre* prennent l'accent circonflexe sur l'*o*.

Tout a ses défauts : corrigeons les nôtres.

43. On met l'accent circonflexe sur l'i des verbes en *aître* et en *oître* s'il est suivi d'un *t*.

Cet élève croit que le rosier *croît* vite ; (croit est de croire.)

On met l'accent circonflexe, dans tous les verbes, sur la 1re et la 2me *personne plurielle* du passé-défini, et sur la 3me *personne du singulier* de l'imparfait du subjonctif.

Nous vous avertîmes et vous vîntes avant qu'il pût s'acquitter envers vous. Vous arrivâtes.

Les participes passés masculins *dû, tû, mû, crû,* des verbes *devoir, taire, mouvoir, croître,* prennent l'accent circonflexe.

Il leur est dû ; le Rhône a crû ; l'enfant s'est tû.

Devoirs : I. — *Le maître dicte, et fait rendre compte des accents employés : 1° verbalement ; 2° par écrit.* — II. *Travail semblable sur une leçon de lecture ou de récitation.*

De l'Apostrophe.

44. L'**Apostrophe** est un signe semblable à l'accent aigu (') que l'on met à la place d'une lettre qu'on retranche. — Cette suppression de lettre se nomme *élision*.

45. L'apostrophe peut remplacer un *a*, ou un *e*, ou un *i*.

L'arbre (le arbre). L'église (la église). S'il vient (si il vient)

46. On retranche *a* dans *la* quand le mot suivant commence par une voyelle ou une *h muette*.

L'âme est immortelle. Conservez toujours l'honneur.

47. On retranche *e* dans *je, me, te, se, de, le, ne, ce, que,* devant un mot qui commence par une voyelle ou une *h muette*.

J'aime l'ordre. C'est l'ombre qu'il recherche.

On retranche *e* de *jusque* devant *à, au, aux, ici, en*.

Jusqu'au ciel. Jusqu'ici.

On retranche *e* dans *lorsque, puisque, quoique,* devant *il, elle, on, un, une*.

Puisqu'elle parle. Lorsqu'un fait est connu.

On retranche l'*e* de *grande* dans les noms composés féminins : *grand'mère, grand'tante*...

Ma grand'mère a assisté souvent à la grand'messe.

On supprime *e* de *entre*, *presque* dans les mots composés suivants : *entr'acte*, *s'entraider*, *s'entr'aimer*, *s'entr'accuser*, *entr'ouvrir*, *presqu'île*.

Il convient de s'entr'aider.

La presqu'île de Quiberon est étroite.

48. On retranche *i* dans *si*, mais seulement devant *il*, *ils*.

S'ils vous parlent, répondez modestement.

DEVOIRS : I. — *Employer les mots susceptibles d'élision.* — II. *Rendre compte pourquoi on a élidé tel ou tel mot de la dictée ou de la leçon.*

Cédille. Tréma. Trait-d'union.

49. La **cédille** est un signe qu'on met sous le *c* lorsque cette lettre doit être prononcée *s* devant *a o u*.

François a reçu une leçon facile à retenir.

50. Le **tréma**, formé de deux points, se place sur la dernière lettre des voyelles composées, lorsqu'elle doit être prononcée séparément de la première.

Moïse vécut 620 ans avant Saül.

La naïveté de nos aïeux.

Le tréma se place aussi sur l'*e* muet des mots *aiguë*, *ciguë*, *ambiguë*, il *arguë*.

La ciguë est un poison.

(Employer le tréma lorsqu'il n'est pas *indispensable* est une faute.)

Israel, poète, Noel; *et non* Israël, poëte, Noël.

51. Le **trait-d'union** se place entre les mots qui forment un nom composé, un adjectif ou un pronom composés; et, en général, entre les parties de tout mot composé.

Château-Salins, arc-en-ciel, châtain-clair, lui-même, celui-ci, par-dessus, par-là, là-haut.

D'après cette règle,

On met un trait-d'union entre les mots *saint*, *sainte*, *san*, *santa* et le nom qui suit, si ces mots forment un nom de famille, de société ou de chose.

Saint-Jean-d'Angély; l'ordre de Saint-Michel; Eustache de Saint-Pierre Santa-Fé-de-Bogota; le San-Francisco.

Mais si le mot *saint*, *san*... se rapporte au bienheureux même qui a mérité ce titre, on ne met pas le trait-d'union.

Saint Louis est un de nos plus grands rois.

On met un trait-d'union entre les mots qui forment un adjectif numéral au-dessous de cent.

Cet homme est âgé de quatre-vingt-dix-sept ans.

On met le trait-d'union entre *très* et l'adjectif ou l'adverbe qui suit.

Soyez très-sobre; agissez très-sagement.

Le trait-d'union se place entre un verbe et les pronoms personnels placés après lui, si ces pronoms sont sujets ou compléments de ce verbe.

Avez-*vous* reçu un modèle ?... Prêtez-*le-moi*, je vous en prie.

52. On met un trait-d'union avant et après le **t** *euphonique* (*). — Le *t* n'est pas euphonique s'il est à la place de *te, toi;* dans ce cas, on met une apostrophe à la place des lettres retranchées.

Aime-t-elle sa mère?
Viendra-t-il?
Va-t'en fort loin; = Va *toi* loin d'ici.

53. On met un trait-d'union à la fin d'une ligne, si l'on porte à une autre ligne quelque syllabe d'un mot commencé. — (On doit éviter le plus possible cette division des parties d'un mot.)

Le sucre est originaire de l'Amérique.
La prudence défend les jugements précipités.

Devoirs : I. — *Écrire 20... mots ayant un* c *avec cédille, et autant sans cédille.* — II. *Mots avec un tréma; expliquer ce qu'ils désignent.* — III. *Employer 20, 40... traits-d'union dans des phrases au choix des élèves.* — IV. *Employer 10... fois le* **t** *euphonique.*

Guillemets. Parenthèses ou Crochets.

54. Il faut mettre entre guillemets les citations, c'est-à-dire les paroles empruntées à quelqu'un.

Les guillemets se placent avant et après la citation, et au commencement de chaque alinéa. Souvent on les place aussi au commencement de chaque ligne.

Jésus-Christ l'a dit: « Demandez, et vous recevrez ; frappez, et il vous sera ouvert.»
ou
«Demandez, et vous
« recevrez; frappez,
« et il vous... »

55. On met entre parenthèses ou crochets certains mots explicatifs qu'on pourrait retrancher de la phrase sans en dénaturer le sens.

Souviens-toi, homme (c'est Dieu qui parle), de sanctifier le jour du repos.

On emploie souvent deux virgules ou deux traits de préférence aux parenthèses.

Je profiterai, dit le sage, de l'expérience d'autrui.

(*) *T* et *l* sont euphoniques lorsqu'on ne les emploie que pour adoucir, pour rendre plus agréable la prononciation des mots. *Si l'on vous appelle* = *Si on vous appelle.* — Le *s* est aussi euphonique dans *vas-y, portes-en, donnes-y...* = *va là, porte de cela, donne à cette chose.* (265).

PONCTUATION.

56. La **ponctuation** consiste à placer des signes convenus dans ce que l'on écrit, pour indiquer le sens des phrases et les pauses qu'il faut faire en lisant.

Les signes de ponctuation sont : la *virgule* (,), le *point-virgule* (;), le *point* (.), les *deux points* (:), le *point d'interrogation* (?) et le *point d'exclamation* (!).

De la Virgule.

57. On met la *virgule* entre les noms, les adjectifs, les verbes, et toute espèce de mots de même nature qui se suivent, ainsi qu'entre les membres d'une même phrase qui ont peu d'étendue.

Le pain, le lait, le vin, les légumes.

Dieu a créé la lumière qui nous éclaire, l'air que nous respirons, la terre qui nous porte.

Cependant, s'il se trouve entre ces mots une des conjonctions *et, ni, ou,* on ne met point de virgule.

Un peuple poli, laborieux *et* généreux est toujours honoré.

Malgré les conjonctions *et, ni, ou,* on met la virgule si les membres de phrase ont une certaine étendue.

Tu écouteras d'abord mes raisons, *et* tu parleras ensuite.

On met une virgule avant et après les mots qu'on peut retrancher de la phrase sans en troubler le sens; tels sont les mots en apostrophe, les termes explicatifs.

Parlez, Seigneur, votre serviteur vous écoute.

Le péager, tourné vers le rivage, n'entendit point sa voix.

On met souvent une virgule à la place d'un verbe sous-entendu.

L'eau ronge le roc, et la rouille, le fer. = la rouille *ronge...*

Du point-virgule.

58. On emploie le *point-virgule* pour séparer les parties semblables d'une phrase qui ont une certaine étendue; — chacune d'elles pourrait en quelque sorte former une phrase.

Si la conjonction *et* se trouve à la place où il faudrait un point-virgule, on met seulement une virgule.

Louis III et Carloman étaient fils de Louis-le-Bègue; ils montèrent sur le trône en 879; ils ne régnèrent ensemble que trois ans, *et* tous deux eurent une fin tragique.

Le point-virgule sert à séparer les énumérations coupées par des virgules. | Le père a 40 ans; la mère, 37; le fils, 15, et la fille, 10.

Du point.

59. Le *point* se place à la fin des phrases, c'est-à-dire lorsque le sens est complet. | Un élève docile est aimé de ses maîtres.

Quelquefois on met plusieurs points de suite : s'ils sont dans l'intérieur d'une phrase, ils indiquent une hésitation ou un repos forcé; s'ils sont à la fin, ils indiquent que quelque mot est sous-entendu. Ces points se nomment *points de suspension*. | Votre conduite, malheureux, est-elle celle d'un fils?...

Je devrais.... mais non; Dieu, hélas! ne vous punira que trop.

Des deux-points.

60. On met les *deux-points* après un terme qui fait comprendre qu'on va répéter les propres paroles de quelqu'un. | Ruth dit à Noémi : Ne m'engage pas à te quitter, car où tu iras, j'irai.

On emploie les deux-points avant une énumération. | Il y a dix espèces de mots : le nom, l'article, l'adjectif,..

On met les deux-points avant tout terme qui explique ou développe ce qui précède. | L'enfant n'était pas seul : de loin, son père veillait sur lui.

Du point d'interrogation.

61. Le *point d'interrogation* se place après tout mot ou tout terme qui exprime une question adressée directement à quelqu'un ou à soi-même. | D'où venez-vous? Où ira-t-il habiter? Aurai-je la force d'arriver?

Du point d'exclamation.

62. Le *point d'exclamation* se met après tout mot ou tout terme qui exprime l'admiration, la douleur, la surprise et toute émotion vive. | Que le Seigneur est bon! que son joug est aimable! Ah! te voilà, enfin!

DEVOIRS : I. — *Le maître dicte en indiquant la ponctuation, l'élève donne la raison de l'emploi des signes.* — II. *L'élève dira par écrit pourquoi on a mis tel ou tel signe de ponctuation dans un passage quelconque.*

DES MOTS.

63. Un **mot** est l'expression d'une idée.

Une maison démolie.

64. Les *compléments d'un mot* sont d'autres mots qui achèvent ou modifient l'idée qu'il exprime.

Le jardin de *votre oncle* est *bien* cultivé.

65. Un mot est employé dans le *sens propre* s'il exprime l'idée pour laquelle il a été primitivement inventé ; il est pris dans le *sens figuré* s'il exprime une idée analogue à celle que donne le sens propre.

Au propre, on dit : La fleur du rosier. Le feu consume tout.
Au figuré, on dit : La fleur des années. Le feu de la colère.

66. Un mot est *sous-entendu* si l'on s'abstient de l'énoncer. — Il ne faut sous-entendre que ceux que l'esprit peut facilement saisir.

On a questionné le septième élève, mais non le sixième.... *élève* sous-entendu.

67. Les mots en apostrophe sont ceux que l'on emploie dans une phrase pour désigner ou appeler les personnes à qui l'on adresse la parole.

L'apostrophe peut s'adresser à des êtres inanimés.

Louis, *mon ami*, quitte cette paresse qui te sera funeste.

Rochers, témoins de ma douleur, dites si elle fut amère !

Espèces de Mots.

68. On forme dix espèces de tous les mots de la langue française; on les nomme les *dix parties du discours*.

Oh! quand viendra le beau printemps si désiré de nous.

Six de ces espèces sont *variables*, c'est-à dire changent de terminaison;

Homme honnête ; Homme*s* honnête*s*.

Quatre sont *invariables*, c'est-à-dire ne changent pas de terminaison.

Il parle *fort bien* ; elles parlent *fort bien*.

69. Les six espèces de mots variables sont : le *Nom*, l'*Article*, l'*Adjectif*, le *Pronom*, le *Verbe* et le *Participe*.

70. Les quatre espèces de mots invariables sont : l'*Adverbe*, la *Préposition*, la *Conjonction* et l'*Interjection*.

Genres. Nombres. Personnes.

71. La langue française admet deux **genres**, le *masculin* et le *féminin* :

Les hommes. Les femmes.

Le masculin pour ce qui a rapport aux êtres mâles;

Le féminin pour ce qui a rapport aux êtres femelles.

Un père juste est toujours respecté.

Bonne mère, sois toujours heureuse!

72. Il y a deux **nombres** en grammaire, le *singulier* et le *pluriel :*

Le singulier, si l'on parle d'un seul individu ;

Le pluriel, si l'on parle de plusieurs.

Le cheval. Les chevaux.

Un livre, le lit, le château.

Deux livres, les lits.

73. Il y a trois **personnes** dans le discours :

La *première personne*, c'est celle qui parle.

La *deuxième personne*, c'est celle à qui l'on parle.

La *troisième personne*, c'est celle de qui l'on parle.

Je cours, *vous* courez, *elles* courent.

Je pars, nous venons, partons.

Tu pars, vous venez, partez.

Il part, ils viennent, Léon étudie.

DEVOIRS : I. — *Le Maître dicte 15, 30... mots; les élèves ajoutent des compléments.* — II. *L'élève emploie 20... mots dans le sens propre.* — III. *L'élève relève 15, 20... mots employés dans le sens figuré.*

DU NOM.

74. Le **nom** est un mot qui désigne une personne ou une chose.

Pain, André, Paris, cousin, vigne.

75. Le nom est *commun* ou *propre :*

Le nom est commun s'il convient à toutes les personnes ou à toutes les choses de la même espèce.

Mère, enfant, table, poirier, feuille, pierre, crayon roi, tante.

Le nom est propre s'il ne convient pas à toutes les personnes ou à toutes les choses de la même espèce.

Alexandre, César, Clotilde, France, Lyon, Bordeaux.

76. Un nom est masculin s'il désigne un être mâle.

Le bœuf, le cheval, le chat, le dindon.

Un nom est féminin s'il désigne un être femelle.

La vache, la jument, la chatte, la dinde.

77. Les noms d'objet et de la plus grande partie des êtres vivants, sont masculins s'il est d'usage de placer devant eux *le* ou *un*, et ils sont féminins si l'on y place *la* ou *une*.

Le soleil, un arbre, l'éléphant, le castor, un aigle, le frélon.
La lune, une fleur, la girafe, une pie, la carpe, une abeille.

78. Le nom est singulier si l'on ne parle que d'un seul individu.

Le blé donne une belle farine.

Le nom est pluriel si l'on parle de plusieurs individus.

Les bergers veillent sur les troupeaux.

2*

Devoirs : — I. *L'élève écrit de lui-même ou relève 10, 20... noms communs de personne et autant de chose.* — II. *Même devoir pour les noms propres.* — III. *L'élève écrit ou relève de ses leçons 10, 20... noms masculins et autant de féminins.* — IV. *L'élève écrit ou relève 10, 20, 30... noms singuliers et autant de pluriels.* — *(L'élève reprend les devoirs précédents, et dit pourquoi tel nom est commun ou propre, masculin ou féminin, etc., ce qui est l'objet de quatre devoirs nouveaux.)*

Pluriel des Noms.

79. Pour avoir le pluriel d'un nom on ajoute, en général, un *s* au singulier.

Le mur, un coup; les mur*s*, des coup*s*.

EXCEPTIONS.

80. Les noms terminés au singulier par *s, x, z* ne changent pas au pluriel.

Le bois, les bois. Une noix, des noix.

81. Les noms terminés au singulier par *au* ou par *eu* prennent *x* au pluriel.

Le jeu, le préau; les jeux, les préaux.

Les noms en *au* ont toujours un *e* muet avant *au*, pourvu qu'il n'y ait pas d'autre voyelle. — *Etau, sarrau,* s'écrivent sans *e* muet.

Un manteau gris. Un noyau de cerise. Le sarrau du laboureur.

82. Sept noms en *ou* prennent un *x* au pluriel, ce sont : *bijou, caillou, chou, genou, hibou, joujou et pou.*

Un bijou précieux. Des bijoux de prix. Un chou, des choux.

83. Les noms en *al* font le pluriel en *aux,* sans *e* muet avant *aux.*

Un général. Nos généraux.

Sept des noms terminés en *al : bal, cal, carnaval, chacal, bancal, pal* et *régal,* prennent un *s* au pluriel; et, par contre, sept noms en *ail : vitrail, vantail, bail, corail, émail, soupirail, travail,* font le pluriel en *aux.* — (*Travail,* machine du maréchal, fait *travails.*)

Le régal, les régals. Un pal, des pals.

Cette cave aura deux soupiraux.

Ce maréchal-ferrant a deux *travails* dans sa boutique.

84. *Ciel, œil, aïeul* ont deux pluriels . . .	Cieux (*firmament*).	Yeux (*d'une tête*).	Aïeux. (*ancêtres*).
	Ciels (*le dessus...*).	Œils (*lucarnes*).	Aïeuls (*gr^d-père, gr^d mère*).

Devoirs : — I. *Le maître dicte ou l'élève relève 20... 30... noms singuliers appartenant à la règle 79; celui-ci les recopie au pluriel.* — II. *Écrire plusieurs noms en* s, x, z, *et en faire l'emploi.* — III. *Id. pour les mots en* eau. — IV. *Id. pour des mots en* al. — V. *L'élève écrit les mots en* ou, *qui prennent* x, *en donne le sens, et les emploie au pluriel et au singulier, etc.*

Noms composés.

85. On appelle **nom composé** un nom formé de plusieurs mots.

Arc-en-ciel, vice-roi, rez-de-chaussée

86. Les noms et les adjectifs qui entrent dans un nom composé sont les seuls mots qui prennent la marque du pluriel.

Des choux-fleurs, des avant-coureurs, des passe-debout.

Si les mots qui forment un nom composé sont unis par une préposition, le premier seul se met au pluriel.

Des arcs-en-ciel, des belles-de-nuit, des monts-de-piété.

Pour connaître les mots qui, dans un nom composé, doivent s'écrire au pluriel ou au singulier, il faut les décomposer, les tourner d'après le sens.

Un essuie-mains, — *un linge pour essuyer* les mains.
Des réveille-matin, — *des horloges qui réveillent* le matin.

Les mots qui forment un nom composé sont unis par des traits-d'union. (51.)

Des porte-plumes, un cure-dents, des prête-nom.

87. *ex*, placé devant un nom ou un qualificatif, signifie *autrefois;* — *ex* s'unit au mot suivant par un trait-d'union.

Ex-ministre, ex-roi, ex-maire, ex-professeur.

(Voir No 374 les noms composés variables, et No 375 les noms composés invariables.)

Devoirs : — I. *Le maître donne l'explication de 5, 10... noms composés, l'élève la rapporte par écrit.* — II. *L'élève fournit de lui-même les explications de 5, 10... autres, etc.*

Remarques sur les Noms.

88. Un nom est déterminé s'il n'y a pas à se méprendre sur les personnes ou les choses qu'il désigne.

(Tous les noms sont de la troisième personne.)

Mon père. Le livre de ma sœur. Riom.
Le Rhin est parsemé d'îles agréables.
Le clocher de Strasbourg a 145 mètres.

89. Les noms que les parents donnent aux enfants, en sus du nom de la famille, se nomment *prénoms*.

Rousseau *Jean-Baptiste*; de Mollay *Jacques*.

90. Tous les noms propres commencent par une majuscule et s'écrivent toujours au singulier.

Dieu, Adam, Auguste, le Rhône, Nantes.

Un nom propre employé au figuré prend cependant la marque du pluriel.

La France a eu aussi des *Césars*.

91. Le nom **gens** veut au féminin les correspondants qui précèdent, et au masculin ceux qui suivent.	Les *grandes* gens sont ordinairement *peureux*.
Cependant l'adjectif *tous* reste au masculin quoique devant gens,	Il y a de *toutes* gens.
1° S'il est seul *avec l'article* ou un *adjectif déterminatif* devant ce nom.	*Tous les* gens de bien. *Tous vos* gens.
2° S'il est avant un adjectif qui n'a qu'une terminaison pour les deux genres.	*Tous* les *braves* gens me plaisent.
92. Les noms féminins se terminent en général par un *e* muet.	La plaie, la paie, la joie, la pluie.
93. Les noms féminins en *té* et en *tié* ne prennent un *e* muet que lorsqu'ils marquent une contenance, ou lorsqu'ils viennent d'un participe passé.	La volonté, la piété, la pitié. Une charretée, la dictée, une jetée.

94. Noms féminins qui ne prennent pas d'*e* muet. { *Brebis, fourmi, merci, nuit, perdrix. Croix, foi, fois, loi, noix, paroi, poix, voix. Bru, glu, tribu, vertu, chaux, toux* et *paix.*

95. Les noms d'arbre et de métier se terminent ordinairement par *er*.	Menuisier, potier, prunier, noyer.
96. Il a des noms qui ne s'emploient qu'au singulier.	Charité, Faim, soif, jeunesse, bétail.
Il y a des noms qui ne s'emploient qu'au pluriel.	Vêpres, mœurs, pincettes, bestiaux.
97. Des noms pris aux langues étrangères, quelques-uns sont variables, les autres sont invariables. — L'usage le veut ainsi. (384)	Un pensum, des pensums; un *pater*, des *pater;* un opéra, des opéras.
98. Un nom complément d'un autre nom se met quelquefois au pluriel. — (L'usage semble indiquer que c'est dans le cas où il y aurait facilité de compter les objets qu'il désigne.)	Un marchand de plume (*de lit*). Un marchand de plumes (*à écrire*). Un sac de blé. Un sac de fèves.

99. Noms qui sont masculins ou féminins selon l'idée qu'ils expriment.

SONT MASCULINS :	SONT FÉMININS :
Aide, homme qui aide.	*Aide*, secours, assistance.
Aigle, oiseau.	*Aigle*, drapeau.
Amour, *s'il est au singulier.*	*Amours, s'il est au pluriel.*
Couple, deux individus assortis, ou de même sentiment.	*Couple*, deux quelconque. *Vendez une couple de poulets.*
Crêpe, étoffe claire.	*Crêpe,* pâte frite à la poêle.
Délice, *s'il est au singulier.*	*Délices, s'il est au pluriel.*

SONT MASCULINS :	SONT FÉMININS :
Enfant, garçon, et dans le doute.	*Enfant,* fille : *une belle enfant.*
Enseigne, officier de marine.	*Enseigne,* de marchand, drapeau.
Foudre, *toujours, excepté.........*	*Foudre,* tonnerre.
Garde, surveillant.	*Garde,* troupes, surveillance.
Greffe, archives d'un tribunal.	*Greffe,* tige ou œil que l'on ente.
Hymne, chant profane.	*Hymne,* chant d'église.
Livre, de lecture, de musique, etc.	*Livre,* poids.
Manche, poignée d'un instrument.	*Manche,* vêtement du bras.
Mousse, jeune matelot.	*Mousse,* plante menue, écume.
Œuvre, de musique, d'art.	*OEuvre,* action, ouvrage.
Office, assistance, emploi.	*Office,* cabinet des provisions.
Orge *mondé* et *orge perlé,* pas ailleurs.	*Orge,* grain. *Les orges sont fort belles cette année.*
Orgue, *s'il est au singulier.*	*Orgues, s'il est au pluriel.*
Page, serviteur de roi ou de prince.	*Page,* côté d'un feuillet.
Pendule, balancier.	*Pendule,* horloge portative.
Période, temps indéterminé, plus haut degré.	*Période* , temps déterminé, phase d'une maladie.
Poèle, cheminée, drap mortuaire.	*Poèle,* ustensile pour frire.
Pourpre, maladie, teinte.	*Pourpre,* couleur même, dignité.
Poste, lieu, emploi.	*Poste,* transport des lettres, relais.
Pupille, garçon en tutelle.	*Pupille,* fille en tut., prunelle de l'œil
Solde, dette après compte réglé.	*Solde,* paie donnée aux militaires.
Somme, sommeil.	*Somme,* total, argent compté.
Trompette, celui qui sonne de la...	*Trompette,* instrument à vent.
Tour, *partout, excepté............*	*Tour,* bâtisse fort élevée.
Vase, pot à fleurs.	*Vase,* limon au fond des eaux.
Voile, tissu pour couvrir, prétexte.	*Voile,* de vaisseau, de moulin à vent.

100. Le genre de quelques noms embarrasse les enfants.

SONT MASCULINS :			SONT FÉMININS :		
Amulette,	astérisque,	atome,	Agraphe,	armoire,	atmosphère,
armistice,	alvéole,	athénée,	argile,	aire,	ancre,
anchois,	aromate,	automate,	cuiller,	dinde,	écritoire,
balai,	carrosse,	cigare,	enclume,	énigme,	équerre,
décombre,	épiderme,	épisode,	étable,	étude,	fibre,
exorde,	entre-côtes,	hémisphère,	garde-robes,	gaufre,	horloge,
indice,	incendie,	ivoire,	huile,	image,	nacre,
minuit,	ongle,	ovale,	ocre,	omoplate,	orange,
parafe,	peigne,	stade.	outre,	paroi,	sentinelle.

DEVOIRS : I. *Le maître dicte 20... noms, l'élève les détermine.* — II. *L'élève prend 10, 20... noms féminins, et les emploie après avoir fait l'observation sur ceux en* té *et en* tié. — III. — *Idem pour les noms en* er. — IV. *Id. pour les noms empruntés aux langues étrangères.* — V. — VI. — VII... *Employer les noms du N° 99.* — *Dictée spéciale sur le N° 100.* — *L'élève relève ou le maître dicte 20, 30...noms masculins.* — *L'élève forme le féminin : Le* cousin , *la* cousine, *etc.* — *Il complète chacun de ces noms par d'autres.*

Un mot sur les Collectifs.

101. Certains noms portent toujours, quoiqu'au singulier, l'idée d'un certain nombre de personnes ou de choses ; on les nomme *collectifs*.

La foule, la masse, une infinité, une troupe...

102. Le *collectif est général* s'il embrasse la totalité des individus dont on veut parler.

La multitude de vos bienfaits me rend confus.

103. Le *collectif est partitif* s'il ne comprend qu'une portion de la totalité des individus.

Une foule de gens entrèrent dans la salle.

Peu, beaucoup, bien, la plupart, font l'office de collectifs partitifs.

Bien des personnes périrent.

DE L'ARTICLE.

104. L'**Article** est un mot qui se place devant tous les noms communs déterminés.

Le repas du matin; les bords du fleuve.

L'article se place aussi devant les noms propres de pays, de peuple, de montagne et de cours d'eau.

La France, les Italiens, la Garonne, les Vosges, la Seine.

105. Il y a des articles simples et des articles contractés.

Le, les; du des; l' = *le* ou *la*.

Les articles simples sont : *le la les l'*.

La vigne, l'ombre.

Les articles contractés sont : *du des au aux*. — Du = *de le;* des = *de les;* au = *à le;* aux = *à les*.

Du pain, au pauvre, du vin ; pour *de le* pain *à le* pauvre...

Ce resserrement de plusieurs mots en un seul se nomme contraction.

Longtemps vient de *long temps;* toujours, de *tous les jours*, etc.

Observations sur l'Article.

106. On retranche *e* de *le* quand le nom masculin qui suit commence par une voyelle ou une *h* muette (47).

L'ombrage de l'ormeau plaît à l'homme.

On retranche *a* de *la* quand le nom féminin qui suit commence par une voyelle ou une *h* muette (46).

L'heure a sonné à l'horloge de l'église; l'heure = *la heure*.

On remplace la lettre retranchée par une apostrophe.

Le fer est plus utile que l'or et l'argent.

107. Il faut répéter l'article devant chaque nom.

On le répète aussi devant les adjectifs qui ne qualifient pas le même individu.

Le ciel et *la* terre sont l'œuvre de Dieu.

Le vieux et *le* jeune soldat.

108. Un nom précédé d'un qualificatif, et employé comme complément, peut embrasser la totalité des individus qu'il désigne, ou seulement une portion de ces individus :

La vie *des* grands hommes (*de tous*) inspire le respect.

Nous avons *de* bonnes plumes (*quelques-unes*).

Si le nom comprend la masse entière, générale, on met devant lui l'article *du*, *des* ou *de la*.

Aimons la lecture *des* bons livres (*de tous*). La vue *des* grands arbres réjouit. (*sans exception*).

Si le nom ne comprend qu'une partie des individus, on supprime l'article.

Sa bibliothèque renferme *de* bons livres (*quelques*).

109. On supprime *du*, *des*, *de la* :

1° Après une négation ;

Il n'a pas *de* fruits.

2° Après un collectif partitif ;

Une foule *de* gens.

3° Après les adverbes qui font l'office de collectifs partitifs *peu*, *beaucoup*... (*Bien* et *la plupart* font exception.)

Ce navigateur a vu beaucoup *de* pays.

La plupart *des* amis trompent.

Dans tous les cas, on emploie l'article *du*, *des*, *de la*, si le nom complément est suivi lui-même de son complément déterminatif.

Ne prenez plus des grandes briques non taillées.

Tu boiras du bon vin que laissa ma tante.

Dans les énumérations rapides et nombreuses on emploie les noms sans article.

Hommes, femmes, enfants, vieillards, tous descendirent.

DEVOIRS : — I. *Employer 10 fois chacun des articles simples devant des noms différents.* — II. *Idem pour les articles contractés.* — III. *Faire 10... élisions devant une voyelle et autant devant une* h *muette.* — IV. *Ecrire 2, 3... exemples relatifs aux règles 107, 108, etc.*

DE L'ADJECTIF.

110. L'**Adjectif** est un mot qui s'ajoute au nom pour *qualifier* ou pour *déterminer* les personnes ou les choses qu'il désigne.	Un père *bon;* l'enfant *sage; quatre* élèves sont sortis.

L'adjectif est donc qualificatif ou déterminatif.

Adjectif qualificatif.

111. L'*Adjectif qualificatif* s'ajoute au nom pour exprimer les qualités des personnes ou des choses qu'il désigne.	Cette table est *carrée, haute, vieille, usée.*
Les adjectifs qualificatifs se placent avant ou après le nom.	Le vrai bonheur. Un bonheur vrai.

112. Quelques adjectifs changent l'idée selon qu'ils sont placés avant ou après le nom, ainsi :

L'homme pauvre, *privé de fortune.*	Pauvre homme, *sans intelligence.*
Un homme grand, *de haute taille.*	Un grand homme, *de génie, de talent.*
Un soldat brave, *très-courageux.*	Un brave soldat, *bon, probe, etc.*

Adjectif déterminatif.

113. L'*Adjectif déterminatif* s'ajoute au nom pour indiquer, de manière à ne plus se tromper, la personne ou la chose dont on parle.	*Mon* aïeul planta *ces* arbres *dix* ans avant *sa* mort.

114. Il y a quatre espèces d'adjectifs déterminatifs ; l'adjectif déterminatif, *numéral, possessif, démonstratif, indéfini.*

115. L'adjectif déterminatif est *numéral* s'il marque le nombre ou le rang. (De là, *adjectif cardinal,* quand il marque le nombre, et *adjectif ordinal* quand il marque le rang ou l'ordre.)	Un, deux, cinq, vingt-six, mille... Premier, dixième, centième, millième, dix-millionième...
116. L'adjectif déterminatif est *possessif* s'il exprime la possession, c'est-à-dire s'il indique à qui appartient la personne ou la chose.	Mon, ton, son, notre, votre, leur, ma, ta, sa, nos, vos, leurs, mes, tes...
117. L'adjectif est *démonstratif* s'il exprime une idée d'indication.	Ce, cet, cette, ces.
118. L'adjectif est *indéfini* s'il détermine d'une manière vague, générale.	Chaque, quelque, plusieurs, nul, tel, maint, tout, autre...

119. L'adjectif déterminatif est toujours placé devant un nom, exprimé ou sous-entendu.

Chaque élève porta son cahier.

Devoirs. — I. *L'élève écrit 5, 10, 20... noms et exprime deux des qualités de chacun :* Le cheval vieux et aveugle... II. *Donner la signification de ces adjectifs par écrit.* — III. *Employer 10, 20... adjectifs déterminatifs...* — IV. *Dire l'idée que donne chacun d'eux.*

Féminin des Adjectifs.

120. L'adjectif qui finit au masculin par un *e* muet ne change pas au féminin.

Garçon honnête.
Fille honnête.

121. L'adjectif qui ne finit pas au masculin par un *e* muet en prend un au féminin.

Un petit livre.
Une petite carte.

EXCEPTIONS.

122. Les adjectifs qui finissent au masculin par *el, eil, ol, as, os, en, on, et, ot,* doublent au féminin la dernière consonne avec un *e* muet.

Pareil, pareille; mol, molle; ancien, ancienne; muet, muette; sot, sotte.

Complet, concret, discret, inquiet, prêt, replet, secret, ne doublent pas le *t*.

Douleur secrète; une mère inquiète.

123. *Beau, nouveau, fou, mou,* devant une consonne, font *bel, nouvel, fol, mol,* devant une voyelle. Au féminin, ils prennent deux *l* (122.)

Jumeau fait au féminin *jumelle*.

Un beau château; un nouveau pays.
Un bel ouvrage.
Une terre nouvelle.

124. Les adjectifs terminés en *f* font le féminin en *ve*.

Ton père est veuf; sa mère est veuve.

125. Les adjectifs terminés en *x* font le féminin en *se*.

Heureux, furieux; heureuse, furieuse.

Doux, roux, faux, vieux, préfix, font *douce, rousse, fausse, vieille, préfixe*.

Un vieux lion.
Une vieille armoire.

126. Les adjectifs terminés par *c* font le féminin en *che*.

Un mur blanc, une muraille blanche.

Public, caduc, grec, turc, changent au féminin *c* en *que*. — *Grec* garde le *c*.

Conte grec ou turc.
Fable grecque ou turque.

127. Les adjectifs en *eur* font le féminin en *euse*. — Une grande partie de ceux en *teur* font le féminin en *trice* (381.)

Rôdeur, rôdeuse; menteur, menteuse.
Débiteur, débitrice.

128. Les adjectifs en *érieur* prennent un *e* muet au féminin, ainsi que *majeur, meilleur, mineur*. — Rang supérieur, place supérieure. Ma sœur est mineure

129. Certains adjectifs s'écartent des règles ci-dessus :

Malin, long, frais, gentil, favori, serviteur, pécheur, enchanteur, font *maligne, longue, fraîche, gentille, favorite, servante, pécheresse, enchanteresse*. — De longs et frais ombrages ; de longues et fraîches allées.

130. Certains adjectifs s'écrivent au féminin comme au masculin, quoique non terminés par un *e* muet : *orateur, auteur, châtain, grognon, témoin*. — Cheveux châtain, barbe châtain. Un homme témoin, une femme témoin.

Devoirs : — I. *Employer au masculin et au féminin 5, 10, 15... adjectifs relatifs aux règles 120 et 121*. — II, III, IV. *Idem pour chacune des règles suivantes*. — V. *Le maître dicte 20 adjectifs figurant dans les exceptions ; l'élève en forme le féminin et les emploie*. — VI. *Le maître dicte 10, 20... adjectifs qualificatifs ; l'élève donne les noms qui en dérivent :* Majestueux, *majesté ; — et réciproquement :* Tristesse, *triste...*

Pluriel des Adjectifs.

131. On forme le pluriel d'un adjectif en ajoutant un *s* au singulier, — Habile, poli. Habile*s*, poli*s*.

132. Les adjectifs qui finissent au singulier par *s* ou par *x* ne changent pas au pluriel. — Un ouvrier heureux, des ouvriers heureux ; l'œil gris, les yeux gris.

133. Les adjectifs terminés au singulier par *eau* prennent un *x* au pluriel. — Un nouveau chef, de nouveaux chefs.

134. Les adjectifs terminés en *al* font le pluriel en *aux*. — Quelques-uns prennent un *s* ; — un certain nombre n'ont pas de pluriel masculin (382.) — Brutal, brutaux. Filial, filials. Service dominical, lettres *dominicales*.

Devoirs : — *Les devoirs précédents se répètent en mettant les noms et les adjectifs au pluriel.*

Accord des Adjectifs.

135. L'adjectif se met au même genre et au même nombre que le nom auquel il est ajouté, c'est-à-dire que si le nom est masculin ou féminin, l'adjectif doit être au masculin ou au féminin ; et si le nom est singulier ou pluriel, l'adjectif se met au singulier ou au pluriel. — Un cultivateur laborieux ; une servante laborieuse ; Si le maître est content, nos parents sont contents.

136. Si l'adjectif se rapporte à plusieurs noms de même genre, il se met au pluriel de ce genre.

La feuille et la racine du cerfeuil sont *bonnes*.

137. Si l'adjectif se rapporte à plusieurs noms de genre différent, il se met au pluriel masculin.

Le ciel et la terre sont *pleins* de majesté.

138. L'adjectif joint à plusieurs noms s'accorde avec le dernier, s'ils ont à peu près la même signification.

Bayard montra un courage, une bravoure *surprenante*.

DEVOIRS : — I. *Avec un seul adjectif l'élève qualifiera deux personnes ou deux choses de même genre, et ce 10, 15... fois, en changeant d'adjectif et de noms.* — II. *Même devoir avec des noms de différent genre. (Le maître peut donner les adjectifs.)* — III. IV... *Analyser les noms, les articles et les adjectifs d'une phrase.*

Remarques sur quelques Adjectifs.

1° *Adjectifs qualificatifs.*

139. L'adjectif *feu* placé devant le nom reste invariable s'il en est séparé par quelqu'autre mot.

La feue reine se rappela des soins de *feu* votre mère.

140. Les adjectifs *nu, demi* sont invariables s'ils sont placés avant le nom. — Dans ce cas, *nu* et *demi* s'unissent au nom par un trait-d'union. — *Demi* se rapporte toujours à un nom singulier exprimé ou sous-entendu.

Henri IV, étant jeune, marchait *nu*-pieds et allait tête *nue*. Deux heures et demie, = deux heures et *demi-heure*.

141. *Ci-joint*, commençant la phrase ou placé dans la phrase devant un nom sans article, reste invariable; — placé après le nom ou devant un nom avec article, il s'accorde.

Vous trouverez *ci-jointe* la copie de ce jugement.
Vous trouverez *ci-joint* copie du...

142. L'adjectif qualificatif employé comme adverbe, c'est-à-dire modifiant un verbe, reste invariable.

Ces fleurs sentent bon : elles coûtent cher.

143. Lorsqu'on emploie un adjectif composé formé de deux qualificatifs, si le second qualifie le premier, tous deux restent invariables; — si le premier qualifie le second, le second seul s'accorde avec le nom.

Des robes *châtain-clair*. Des enfants *nouveau-nés*.
Perrette..... légère et *court-vêtue*.

144. L'adjectif qualificatif, comme tout autre mot quelconque, peut devenir un nom, si on place devant lui l'article ou un adjectif déterminatif. De même un nom devient adjectif s'il qualifie un autre nom.

Le *sage* entend à demi-mot.
Un *oui; vos parce que;* ne craignez pas le *qu'en dira-t-on.*
Un peuple *serf.* Napoléon, *empereur.*

DEVOIRS : — I. *L'élève emploie les adjectifs qui figurent dans les remarques.* - II. *Il en donne le sens.* — III. *Changer 5, 10... adjectifs en noms, et autant de noms en adjectifs...* — IV. *Donner 10, 20... adjectifs, l'élève écrit ceux qui expriment un sens opposé :* Diligent, *paresseux...* V. *En faire l'emploi.*

2° *Adjectifs déterminatifs.*

145. *Vingt* et *cent*, employés au pluriel, prennent un *s* s'ils ne sont pas suivis d'un autre nombre.

Deux *cents* mètres. Deux *cent* douze mètres.

146. Les adjectifs numéraux semblent quelquefois exprimer le nombre, et cependant ils marquent l'ordre : dans ce cas, *vingt* et *cent* restent invariables.

Page quarante, = page *quarantième.*
L'an huit cent, = l'an *huit centième.*

147. La préposition *à* ne peut se placer entre deux nombres, si l'on ne peut diviser les individus désignés par le nom qui suit; on emploie *ou.*

On vendra trois *ou* quatre bœufs.
Les bandes sont de 15 *à* 20 personnes.

148. *Mille* s'écrit de trois manières :

Mil, dans les dates, lorsqu'un autre nombre suit;

L'an mil deux cent.
L'an deux mille.

Mille, pour exprimer dix fois cent, invariable;

Le myriamètre = dix mille mètres.

Mille, nom de mesure itinéraire, prend la marque du pluriel : *milles.*

Un mille anglais vaut cinq milles d'Allemagne.

149. Il faut employer *mon, ton, son,* au lieu de *ma, ta, sa* devant les noms féminins qui commencent par une voyelle ou une *h* muette.

Mon âme prend part à *ton* affliction.
Qu'il pardonne, *son* honneur l'exige.

Lorsque la possession est assez exprimée sans adjectif déterminatif, on emploie seulement l'article.

Je souffre de *la* jambe; *et non :* de *ma* jambe.

150. En parlant des choses, on ne doit employer *son, sa, ses, leur, leurs,* que lorsque celui qui possède est sujet de la proposition, ou lorsque l'objet possédé suit une préposition. — Dans les autres cas, on emploie l'*article* et le pronom *en*.

Chaque pays a *ses* coutumes. Je fus ravi de la propreté de *sa* cellule. Tours est bien situé; *les* environs *en* sont charmants.

151. L'adjectif déterminatif *ce* prend un *t* si le nom ou l'adjectif qui suit commence par une voyelle ou une *h* muette.

Ce chandelier. Cet abricotier. Cet humble récit.

152. L'adjectif *même* devient adverbe, et, par suite, invariable, s'il est placé après un verbe ou après plusieurs noms.

Les astres, les animaux *même* étaient autrefois divinisés.

153. L'adjectif *tout* peut signifier *tout à fait, quelque* ou *quoique*; dans ce cas il devient adverbe.

Nos aïeux, *tout* riches qu'ils étaient, labouraient la terre.

Tout, quoique adverbe, s'accorde avec le nom, s'il est placé devant un adjectif commençant par une consonne ou une *h* aspirée.

Votre sœur, *toute* rieuse et *toute* hautaine qu'elle était, avait un bon cœur.

154. *Quelque,* devant un nom, ou devant un adjectif suivi d'un nom, est adjectif et s'accorde.

Quelques fruits. On a raconté quelques beaux faits.

Quelque, devant un qualificatif sans un nom immédiatement après, est adverbe et invariable.

Quelque grands que fussent vos aïeuls, soyez humble.

Quel que, devant un verbe, s'écrit en deux mots; *quel* est adjectif et s'accorde.

Quelle que soit votre science, soyez modeste.

Quelque, signifiant *environ*, est invariable.

Ma mère a quelque 70 ans.

155. *Aucun* et *nul* ne se mettent au pluriel que lorsque le nom n'a pas de singulier.

Nulle personne; aucuns ancêtres.

156. *Chaque* veut toujours un nom après lui.

Chaque heure. Chaque année.

DEVOIRS : — I. *Le maître dicte sur l'emploi des adjectifs compris du N° 145 au N° 149. L'élève donne la raison, par écrit, de leur orthographe.* — II. *L'élève les emploie lui-même.* — III. *Il emploie ceux qui figurent du N° 150 à 153.* — IV. *L'élève emploie les derniers dans leurs différentes acceptions.* — V. *Il rend compte des adjectifs employés dans sa leçon de lecture, etc...* — VI. *Donner quelques courtes analyses :* La fleur du rosier. La première pêche de votre jardin, etc.

DU PRONOM.

157. Le pronom est un mot qui remplace un nom, afin d'en éviter la répétition.

Sa mère était malade; *elle* va mieux.

158. Si le pronom remplace le nom de celui qui parle, il est de la *première personne*.

Je pars, *nous* partons, j'écoute, *je me* prépare.

Si le pronom remplace le nom de celui à qui l'on parle, il est de la *seconde personne*.

Tu pars, *vous* sortez, *tu* écoutes, *vous* êtes heureux.

Si le pronom est à la place du nom de l'individu dont on parle, il est de la *troisième personne*.

Il part, *elle* sort, *ils* écoutent, *elles se* promèneront.

Espèces de Pronoms.

159. Il y a cinq espèces de pronoms : le *pronom personnel, possessif, démonstratif, relatif, indéfini*.

160. Le *pronom personnel* remplace le nom des personnes plus spécialement que les autres pronoms (*).

Je, me, moi, nous, tu, te, toi, vous, il, ils, elle, elles, se, le, la, les, en.

161. Le *pronom possessif* remplace un nom avec une idée de possession.

Le mien, le tien, le sien, le nôtre, le vôtre, les leurs...

162. Le *pronom démonstratif* remplace un nom avec une idée d'indication.

Ce, celui, cela, celui-ci, celle-là...

163. Le *pronom relatif* remplace un nom placé devant lui, et duquel il est rarement séparé. — *Qui est venu ?* = *Nommez-moi la* PERSONNE QUI *est venue.*

Qui, que, dont, lequel, laquelle, auquel, à laquelle, desquels, quoi...

164. Le *pronom indéfini* remplace un nom avec une idée vague et générale.

On, chacun, quiconque, quelqu'un personne, autrui,..

Accord des Pronoms.

165. Le pronom est du même genre et du même nombre que le nom qu'il remplace.

C'est nous *qui* écrirons... — *Qui* remplace le même nom que *nous*.

(*) Tous les pronoms remplacent des noms de personne et de chose; mais parmi les pronoms personnels, dans le sens propre, il en est (*je, nous, moi...*) qui ne peuvent réellement remplacer que des noms de personne. De là, peut-être, la cause de cette dénomination.

166. Si un pronom remplace plusieurs noms de même genre, il se met au pluriel de ce genre.

Guidez Lucie et Pauline ; *elles* glisseraient.

167. Si un pronom remplace plusieurs noms de différent genre, il se met au pluriel masculin.

Amenez le frère et la sœur ; *ils* joueront au volant.

DEVOIRS : — I. *L'élève emploie 10, 15... pronoms personnels.* — II. III. Devoir analogue pour les autres pronoms. — IV. *Donner 5 exemples d'un pronom remplaçant deux noms de même genre, et autant pour des noms de genre différent.* — V. *Relever les pronoms de la leçon et faire connaître les noms qu'ils remplacent, s'ils sont féminins ou masculins, singuliers ou pluriels.*

Remarques sur les Pronoms.

168. Les pronoms *nous*, *vous*, employés, par convenance ou par respect, pour *je*, *tu*, veulent le verbe au pluriel, et les adjectifs ou participes au singulier.

Ma mère, *vous* êtes trop *bonne* pour moi. Un juge dit : Après *nous* être *rendu* à...

169. *Le*, *la*, *les*, sont pronoms s'ils accompagnent un verbe. — Devant un nom ils sont articles.

Vous avez vu *le* pauvre, secourez-*le*.

Le pronom *le* remplace un nom ou un nom employé comme adjectif : dans le premier cas il s'accorde, dans le second il reste invariable.

Êtes-vous la fermière ? — Je *la* suis. Etes-vous fermière ? — Je *le* suis.

170. *Qu'elle*, pouvant se tourner par *qu'il*, prend une apostrophe ; sinon, c'est l'adjectif *quelle*, sans apostrophe.

Je sais *qu'elle* va venir. *Quelle* heure est-il ?

171. Le pronom personnel *leur* est invariable. L'adjectif *leur* est toujours devant un nom et s'accorde.

Vous *leur* prendrez *leurs* boules.

Le pronom possessif *le leur* s'accorde avec le nom qu'il remplace.

Voilà votre place, voici *la leur*.

172. Les pronons possessifs *le nôtre*, *le vôtre*, prennent un accent circonflexe (42), mais non les adjectifs *notre*, *votre*.

Chacun a ses défauts ; nous avons donc *les nôtres*.

173. Les pronoms *celui-ci*, *celle-ci*, *ceci*, ont rapport à des individus proches ; et *celui-là*, *celle-là*, *cela* à des individus plus éloignés.

La foi et la charité sont deux belles vertus ; *celle-ci* est préférable. *Celle-ci* = la charité.

Ne pas confondre *ce*, *c'*, avec *se*, *s'* ; les premiers signifient *cette personne*, *cela*, les seconds portent l'idée de *soi*, *eux*.

C'est Mélanie qui *s*'est levée tard ; elle *se* hâte d'étudier.

174. Le pronom *qui*, placé après une préposition, ne peut remplacer que des personnes ou des choses personnifiées. — Hors ces deux cas, on emploie *auquel*, *desquels*...

Voilà les enfants *à qui* je lègue mes biens. — Prairies *de qui* je tiens tout, fuyez... — L'étude à laquelle il se livre.

175. Le pronom *personne* est masculin, le nom *personne* est féminin. — *Personne* est un nom s'il est précédé de l'article ou d'un adjectif.

Personne n'est vraiment *heureux*, pas même *les personnes* qui se disent *heureuses*.

176. *Chacun* veut après lui *son*, *sa*, *ses*, s'il est sujet du verbe, ou s'il vient après le complément direct.

Chacun lut *sa* leçon. Ils prirent le café chacun à *son* tour.

Chacun prend *leur*, *leurs*, s'il est placé avant le complément direct.

Ils prirent chacun *leur* café.

177. Le pronom *on*, placé après *et*, *si*, *ou*, prend un *l* euphonique, pourvu que le mot suivant ne commence pas par un *l*.

Et l'on étudie. Si l'on pense. Si on l'honore.

Que on suivi de la prononciation *ke* prend aussi un *l* euphonique.

Que *l'*on compare et qu'on prononce.

178. Avec les pronoms indéfinis et les infinitifs, et toutes les fois qu'il y a lieu d'éviter une équivoque, on emploi *soi* au lieu de *lui*.

Travailler pour soi, chacun pense à soi. En écoutant son maître, cet enfant travaille pour *soi*.

DEVOIRS : I. *Dictée sur les premières remarques ; l'élève rend compte, par écrit, des pronoms employés.* — II. III. IV. Devoirs analogues. — V. *L'élève analyse les pronoms qui figurent dans un passage.*

DU VERBE.

179. Le **Verbe** est un mot qui exprime que l'on est ou que l'on fait quelque chose.

Dieu *est* juste. L'abeille *bourdonne* près de la ruche.

Tout ce que l'on fait se nomme *action*.

Lire, étudier, parler.

180. La personne ou la chose qui est, ou qui fait l'action marquée par un verbe, est le *sujet* de ce verbe.

Le *pasteur* est doux ; *il* donne de bons conseils.

181. Le sujet est simple s'il est exprimé par un seul mot, désignant un seul être ou une collection d'individus.

Le *Seigneur* punira le méchant. — Les *raisins* mûrissent.

Le sujet est composé s'il est formé de plusieurs mots représentant séparément divers individus.

Le *fer* et le *plomb* sont deux métaux fort utiles.

182. On reconnaît le sujet d'un verbe en faisant la question *qui...?* avec le verbe.

Le sujet est souvent sous-entendu ; on le reconnaît facilement par une question analogue à la précédente.

Jules étudie. — *Qui étudie?*— Jules. *Jules* est le sujet.

Partons pour la pêche. — *Qui part?* — *Nous*.— *Nous* est le sujet de *partons*.

183. On appelle *attribut* du sujet, le mot qui exprime la qualité ou la manière d'être du sujet.

L'attribut s'unit toujours au sujet par le verbe être.

Le sol est *sec*.
Le forgeron frappe = *le forgeron* EST *frappant*.
Nous serons aimés.

184. L'attribut est *simple* ou *composé* :

L'attribut est simple s'il exprime une seule qualité ou une seule manière d'être du sujet.

Les oranges sont *très-bonnes*.
Paul chante = *Paul* EST *chantant*.

L'attribut est composé s'il exprime plusieurs qualités du sujet.

Les Lapons sont *petits*, *paresseux* et *ignorants*.

185. Avec le verbe *être* l'attribut est souvent sous-entendu. On le découvre en faisant la question *quoi?* après lui. — *Mon père est à Paris*. — *Mon père est*... quoi? *séjournant à Paris*. *Séjournant* est l'attribut.

L'échanson et le panetier *étaient* dans la même prison. = *étaient retenus dans la même*...

186. On appelle *complément du verbe* (*) les mots qui achèvent d'exprimer l'idée donnée par le verbe.

Donnons *du pain aux pauvres*, Dieu *nous* bénira.

Le complément est *direct* s'il répond à la question *qui?* ou *quoi?* faite après le verbe.

Il lit sa leçon; *il lit*, quoi? — *sa leçon*; *sa leçon* est complément direct.

Le complément est *indirect* s'il répond à la question formée de plusieurs mots : *à qui, à quoi, pour qui, vers quoi, à quelle époque*, etc.

Il parle de sa sœur; *il parle*, de qui? — *de sa sœur*. *De sa sœur* est le complément indirect.

187. Le sujet, le verbe et l'attribut forment une *Proposition* ou *jugement*.

Saint Étienne fut le premier martyr.

(*) Et mieux *complément de l'attribut*, si les enfants ont assez de discernement; car le Verbe *être* n'a pas de compléments; il unit l'attribut au sujet.

188. La proposition ou la suite des propositions qui présentent un sens complet forment une *Phrase*.

Turenne pensait qu'un habile capitaine pouvait être vaincu, mais non surpris.

Les mots qui expliquent ou développent quelqu'une des parties d'une phrase forment un *terme explicatif*.

Antiochus, *s'étant égaré à la chasse*, passa la nuit chez un pauvre bûcheron.

DEVOIRS : — I. *L'élève écrit 20, 40... verbes exprimant une action.* — II. *L'élève donne un sujet à chacun de ces verbes, ce qui l'oblige, sans s'en douter, à prendre un autre temps que l'infinitif.* — III. *Il emploie 10, 15... verbes avec un sujet composé.* — IV. *Il emploie 5, 10, 20... fois le verbe être avec des sujets différents.* — V. *Il donne aux sujets précédents des attributs composés : Paul sera* sage et studieux... — VI. *Employer 10, 15... verbes avec un complément quelconque.* — VII. *Avec un complément direct.* — VIII. *Avec un complément indirect.* — IX. *Relever les verbes d'un passage, d'une dictée.* — X. *En indiquer les sujets.*

Modifications du Verbe.

189. *Modification* signifie changement. — Le verbe est le mot le plus sujet à changement.

Sortir, je sors,
Vous sortîtes,
Nous sortirons.

Les quatre causes des changements qui ont lieu dans un verbe, ou les *quatre modifications* du verbe sont : le *Nombre*, la *Personne*, le *Temps* et le *Mode*.

J'aime, tu aimes.
Tu lis, tu liras.
Tu cours, vous courez.

190. Il y a deux nombres dans les verbes. :	Le singulier, Le pluriel.	Mon oncle vient. Mes oncles viennent.
191. Il y a trois personnes dans les verbes :	La première, La deuxième, La troisième.	Nous vaincrons. Vous vaincrez. Ils vaincront.
192. Il y a trois temps principaux dans les verbes	Le présent, Le passé, Le futur.	Tu étudies, Tu as étudié. Tu étudieras.
193. Le *présent* exprime que l'action se fait au moment de la parole.	(Il ne peut se diviser.)	L'élève entre. Les élèves entrent.

194. Le *passé* exprime une action faite avant le moment de la parole. — Il y a six passés :	L'imparfait (*),	Mon frère parlait.
	Le passé défini,	Ruben parla.
	Le passé indéfini	Il a parlé.
	Le passé antérieur défini,	Dès qu'elle *eut parlé* elle dîna.
	Le passé antérieur indéfini,	Dès qu'il *a eu parlé*, il a dîné.
	Le plus-que-parfait.	Il avait parlé.
195. Le *futur* exprime que l'action se fera après le moment de la parole. — Il y a deux futurs :	Le futur,	Le prince arrivera.
	Le futur antérieur.	Le porteur sera arrivé à dix heures.

196. Le *mode* est la manière d'exprimer une action. Il y a cinq modes : **L'*Indicatif*, Le *Conditionnel*, L'*Impératif*. Le *Subjonctif*. L'*Infinitif*.**	Un verbe est à l'*indicatif* si l'action est certaine, positive.	Les bestiaux *viendront* à l'abreuvoir.
	Un verbe est au *conditionnel*, si l'accomplissement de l'action dépend d'une condition *exprimée par un passé*.	Vous *partiriez* si on le *voulait*. Vous *partirez* si on le *veut*. (*Veut* n'étant pas au passé)
	Un verbe est à l'*impératif*, s'il exprime un commandement.	*Sortez*, et *rentrez* bientôt.
	Un verbe est au *subjonctif*, s'il est sous la dépendance inévitable d'un autre verbe, exprimé ou sous-entendu.	Je désire que tu *viennes* ce soir. *Puissiez*-vous être libre ! = Je désire que vous *puissiez* être libre.
	Un verbe est à l'*infinitif* s'il exprime une action vague, générale.	*Vivre* pour Dieu. *Mourir* pour le service de la patrie.

DEVOIRS : — (*Ces devoirs ne peuvent être faits convenablement qu'après la conjugaison des verbes.*) — I. *Le maître dicte quelques propositions au singulier; l'élève les met au pluriel.* — II. *Le maître dicte au pluriel, l'élève recopie au singulier.* — III. Devoir analogue pour les personnes. — IV. *Le maître dicte des actions présentes, l'élève les transforme en actions passées.* — V. *Puis, en actions futures.* — Je porte du blé au marché. — Nous avons porté, etc...

(*) L'*imparfait* exprime une action passée, mais présente quand une autre s'est faite.	Je *lisais* lorsque vous êtes passé.
Le *passé défini* exprime une action faite dans une période de temps complètement finie.	Tu *voyageas* l'an dernier.

Espèces de Verbes.

197. Il y a deux espèces de verbes : le *verbe substantif* et les verbes *attributifs* (*).

Le *verbe substantif*, c'est le verbe *être*; il exprime l'existence et il unit l'attribut au sujet. | Joseph *est* timide. Le bois *a été* consumé.

Les *verbes attributifs* sont tous les autres verbes; ils expriment une action, et renferment, *contractés*, le verbe *être* et l'*attribut*. | L'enfant *sommeille* = l'enfant *est sommeillant*. — Albert *aura lu* = Albert *aura été lisant*.

198. Parmi les verbes attributifs on distingue le verbe *réfléchi* et le verbe *unipersonnel* (**). | Tu te frappes. Il pleuvra.

Le *passé indéfini* s'emploie pour exprimer une action faite dans une période de temps complètement écoulée ou non. | J'*ai lu* ce livre l'an dernier et je l'*ai relu* ce matin avec plaisir.

Le *passé antérieur défini* exprime une action faite *immédiatement* avant une autre également passée et exprimée par un *passé défini*. | Quand Marie *eut fini* son travail, elle *pria* Dieu.

Le *passé antérieur indéfini* exprime aussi une acton faite *immédiatement* avant une autre également passée, mais exprimée par un *passé indéfini*. | Quand Marie *a eu fini* son ouvrage elle *a prié* Dieu.

Le *plus-que-parfait* exprime une action faite *plus ou moins de temps* avant une autre qui est aussi passée. | Mathieu *avait semé* son champ avant vous (*Plus ou moins de temps avant.*)

Le *futur* exprime qu'une action doit se faire dans un temps à venir. | Je *terminerai* mardi prochain.

Le *futur antérieur* exprime une action à faire. mais qui doit être faite avant un moment déterminé, | J'*aurai terminé* à cinq heures.

(*) Puisque le verbe *être* est renfermé dans tous les verbes attributifs, on peut donc dire qu'il n'y a réellement que le verbe *être*, qui s'appelle *verbe substantif*, s'il est séparé de l'attribut; *verbe attributif*, s'il est combiné, *contracté* avec l'attribut. — Dans : Les blés *sont* mûrs; *sont*, verbe substantif. — Dieu vous *bénira; bénira*, verbe attributif, = *sera bénissant*.

(**) Certaines Grammaires appellent les verbes attributifs verbes *adjectifs*, divisés en cinq classes : le verbe *actif* si le sujet fait l'action et a un complément direct; le verbe *neutre* si le sujet fait l'action et n'a pas de complément direct; le verbe *passif* si le sujet reçoit l'action. — Le verbe *pronominal* ou *réfléchi*... et le verbe *unipersonnel*...

Cette classification nous paraît inutile, puisqu'elle n'a pas d'application dans la grammaire. J'*aime* mon père; *aime* est-il plus actif que *vais* dans : je *vais* au marché.

Un verbe attributif est *réfléchi* si le sujet fait l'action et la reçoit en même temps.

Je me sers. Nos parents se promènent.

Un verbe attributif est *unipersonnel* s'il n'a que la troisième personne du singulier dans chaque temps; ou si, dans le sens où l'on en fait usage, il ne peut être employé qu'à la troisième personne du singulier.

Il pleut, il neigera. Il *viendra* un fort déluge qui... — On ne saurait dire : *Tu viendras un fort déluge...*

Le verbe *être* peut aussi être employé unipersonnellement.

Il *serait* souvent utile de se taire.

199. Le sujet apparent du verbe unipersonnel est toujours *il*; — (*il* est employé par euphonie, car le vrai sujet est placé après le verbe.)

Il est bon d'avoir un ami. = Avoir un ami *est chose bonne.*

DEVOIRS : — I. *Employer 5, 10, 20... verbes attributifs dans le sens réfléchi.* — II. *5, 10 verbes unipersonnels.* — III. *Indiquer le vrai sujet de ceux-ci et le sujet des premiers.*

Conjugaisons.

200. *Conjuguer un verbe,* c'est l'écrire ou le réciter avec toutes ses modifications.

Je lis, tu lis, elle lit, nous lisons, vous lisez, ils lisent.

201. Tous les verbes sont terminés à l'infinitif, qui est le nom du verbe, par *er*, par *ir*, par *oir*, ou par *re*.

Aimer, parvenir, concevoir, prendre; aller, appesantir, valoir, lire.

De là on a formé quatre conjugaisons :

La 1re, qui comprend tous les verbes en *er*.		Porter, marcher.
La 2me,	— tous les verbes en *ir*.	Bénir, souffrir.
La 3me,	— tous les verbes en *oir*.	Recevoir, prévoir.
La 4me,	— tous les verbes en *re*.	Fendre, craindre.

On conjugue un verbe de chaque conjugaison qui sert de modèle aux autres verbes de la même conjugaison.

Ce sont ordinairement : *Aimer, finir, recevoir* et *rendre.*

202. On appelle *verbes réguliers* ceux qui suivent la conjugaison du verbe donné pour modèle.

Finir, — finirons. Unir, — *unirons.* Régir, — *régirons.*

Les *verbes* irréguliers sont ceux qui s'écartent de la conjugaison du verbe modèle (263.)

Aimer, — j'aimerai. Aller, — j'*irai*, au lieu de *allerai.*

203. Quelques verbes manquent de certains temps ou de certaines personnes: on les nomme *verbes défectifs* (263).

Paître n'a pas de temps composés. *Echoir*, *braire*, *luire*, sont défectifs.

Devoirs : — *Faire porter aux élèves 10, 20... verbes de chaque conjugaison.*

Auxiliaires.

204. On appelle *auxiliaires* le verbe *avoir* et le verbe *être*, lorsqu'ils aident à conjuguer un autre verbe.

Léon *a* été sage. Tu *avais* aimé. Vous *seriez* venu.

L'auxiliaire *avoir* aide à conjuguer : lui-même, le verbe être, la très-grande partie des verbes attributifs.

Nous *avons eu*. Vous *avez été*. J'*ai commandé*. Tu *as commandé*.

L'auxiliaire *être* aide à conjuguer : les verbes réfléchis, et les verbes *aller*, *arriver*, *décéder*, *résulter*, *mourir*, *partir*, *venir*, *choir*, *naître* et leurs composés *devenir*, *parvenir*, *repartir*...

Arthur s'*est levé*. Je *suis allé*. Elle *est parvenue*. Vous *êtes partis*. Les convois *sont arrivés*.

205. Dans tous les verbes réfléchis l'auxiliaire *être* est à la place de l'auxiliaire *avoir*.

Tu te seras frappé = tu *auras frappé* toi.

206. Les temps des verbes qui n'ont pas d'auxiliaire se nomment *temps simples*.

Les Hébreux *passèrent* le Jourdain.

Les temps des verbes qui ont un auxiliaire se nomment *temps composés*.

Les Hébreux *ont passé* le Jourdain.

207. Lorsqu'un verbe conjugué avec *être* exprime l'*état* du sujet, *que le sujet* EST, le verbe *être* est réellement verbe substantif et non auxiliaire

Cet enfant *est* chéri de ses parents. — Les chaleurs *sont* passées, voici l'hiver

---

208 Conjugaison du verbe Avoir.

(Dans ce verbe, **eu** *se prononce* **u**.*)*

MODE INDICATIF.

Présent.	*Imparfait.*	*Passé défini.*
J'ai,	J'avais,	J'eus,
Tu as,	Tu avais,	Tu eus,
Il a,	Elle avait,	Il eut (*),
Nous avons,	Nous avions,	Nous eûmes,
Vous avez,	Vous aviez,	Vous eûtes,
Elles ont.	Ils avaient.	Elles eurent.

Passé indéfini.

J'ai eu,
Tu as eu,
Il a eu,
Nous avons eu,
Vous avez eu,
Ils ont eu.

Passé antérieur.

J'eus eu,
Tu eus eu,
Il eut eu,
Nous eûmes eu,
Vous eûtes eu,
Ils eurent eu.

Plus-que-parfait.

J'avais eu,
Tu avais eu,
Elle avait eu,
Nous avions eu,
Vous aviez eu,
Elles avaient eu.

Futur.

J'aurai,
Tu auras,
Paul aura,
Nous aurons,
Vous aurez,
Elles auront.

Futur antérieur.

J'aurai eu,
Tu auras eu,
Il aura eu,
Nous aurons eu,
Vous aurez eu,
Ils auront eu.

MODE CONDITIONNEL.

Présent.

J'aurais,
Tu aurais,
Il aurait,
Nous aurions,
Vous auriez,
Ils auraient.

Passé.

J'aurais eu,
Tu aurais eu,
Il aurait eu,
Nous aurions eu,
Vous auriez eu,
Ils auraient eu.

Deuxième Passé.

J'eusse eu,
Tu eusses eu,
Elle eût eu,
Nous eussions eu,
Vous eussiez eu,
Elles eussent eu.

MODE IMPÉRATIF.

Présent ou *Futur.*

Aie,
Ayons,
Ayez.

MODE SUBJONCTIF.

Présent ou *Futur.*

Que j'aie,
Que tu aies,
Qu'elle ait,
Que nous ayons,
Que vous ayez,
Qu'ils aient.

Imparfait.

Que j'eusse,
Que tu eusses,
Qu'il eût (*),
Que nous eussions,
Que vous eussiez,
Qu'ils eussent.

Passé.

Que j'aie eu,
Que tu aies eu,
Qu'il ait eu,
Que nous ayons eu,
Que vous ayez eu,
Qu'ils aient eu.

Plus-que-parfait.

Que j'eusse eu,
Que tu eusses eu,
Qu'il eût eu,
Que nous eussions eu,
Que vous eussiez eu,
Qu'ils eussent eu.

MODE INFINITIF.

Présent.

Avoir.

Passé.

Avoir eu.

PARTICIPE.

Présent.

Ayant.

Passé.

Eu, eue,
Ayant eu.

(*) **209.** En considérant la conjugaison de ce verbe, on trouve *eut* au passé défini sans accent circonflexe, et à l'imparfait du subjonctif et au deuxième passé du conditionnel, *eût* avec accent circonflexe. Pour les distinguer l'un de l'autre, il faut les tourner par la troisième personne du pluriel : si le pluriel amène la finale *ssent*, il faut accent circonflexe au singulier ; si le pluriel amène la finale *rent*, point d'accent circonflexe au singulier.

210. Si l'on doute entre le futur j'*aurai*, et le conditionnel j'*aurais*, on consulte la seconde ou la troisième personne.

(*Ces deux remarques s'appliquent à tous les verbes*)

Le vigneron *eut* la force de travailler, bien qu'il *eût* de grands chagrins.

Il paraît qu'il *eut* besoin de vous —(Il paraît qu'ils *eurent*..)

S'il *eût* été ici. —(S'ils *eussent* été ici.)

Si je passe, j'*aurai* soin du troupeau.

Si tu passes, tu *auras*.

Si je venais j'*aurais*..

211. Conjugaison du verbe Être.

INDICATIF.

Présent.

Je suis,
Tu es,
Dieu est,
Nous sommes,
Vous êtes,
Les enfants sont.

Imparfait.

J'étais,
Tu étais,
Il était,
Nous étions,
Vous étiez,
Elles étaient.

Passé défini.

Je fus,
Tu fus,
Adam fut,
Nous fûmes,
Vous fûtes,
Adam et Eve furent.

Passé indéfini.

J'ai été,
Tu as été,
Elle a été,
Nous avons été,
Vous avez été,
Elles ont été.

Passé antérieur défini.

J'eus été,
Tu eus été,
Il eut été,
Nous eûmes été,
Vous eûtes été,
Ils eurent été.

Passé antér. indéfini.

J'ai eu été.
Tu as eu été,
Il a eu été,
Nous avons eu été,
Vous avez eu été,
Elles ont eu été.

Plus-que-parfait.

J'avais été,
Tu avais été,
Elle avait été,
Nous avions été,
Vous aviez été,
Ils avaient été.

Futur.

Je serai,
Tu seras,
Louis sera,
Nous serons,
Vous serez,
Les arbres seront.

Futur antérieur.

J'aurai été,
Tu auras été,
Il aura été,
Nous aurons été,
Vous aurez été,
Ils auront été.

CONDITIONNEL.

Présent.

Je serais,
Tu serais,
La table serait,
Nous serions,
Vous seriez,
Ils seraient.

Passé.

J'aurais été,
Tu aurais été,
Elle aurait été,
Nous aurions été,
Vous auriez été,
Elles auraient été.

Deuxième Passé.

J'eusse été,
Tu eusses été,
Il eût été,
Nous eussions été,
Vous eussiez été,
Ils eussent été.

IMPÉRATIF.

Présent.

Sois,
Soyons,
Soyez.

SUBJONCTIF.

Présent.

Que je sois,
Que tu sois,
Qu'il soit,
Que nous soyons.
Que vous soyez,
Qu'ils soient.

Imparfait.

Que je fusse,
Que tu fusses,
Qu'elle fût,
Que nous fussions,
Que vous fussiez,
Qu'elles fussent.

Passé.

Que j'aie été,
Que tu aies été,
Qu'elle ait été,
Que nous ayons été,
Que vous ayez été,
Qu'ils aient été.

Plus-que-parfait.

Que j'eusse été,
Que tu eusses été,
Qu'il eût été,
Que nous eussions été,
Que vous eussiez été,
Qu'ils eussent été.

INFINITIF.

Présent.

Être.

Passé.

Avoir été.

PARTICIPE.

Présent.

Étant.

Passé.

Été, ayant été.

DEVOIRS : — I. *Dicter quelques phrases où* eut *et* fut *se trouvent sans accent circonflexe, et d'autres où* eût *et* fût *ont cet accent. L'élève explique les moyens de les distinguer.*
II. Devoir analogue sur le futur et le conditionnel.
III. Extraire un devoir semblable de la leçon...

212. Terminaisons des Temps simples.

INDICATIF	Présent.	*s,*	*s,*	*t,*	*ons,*	*ez,*	*ent.*
	Les verbes en er *font*	e,	es,	e,	ons,	ez,	ent.
	Imparfait.	*ais,*	*ais,*	*ait,*	*ions,*	*iez,*	*aient.*
	Passé défini.	*s,*	*s,*	*t,*	*mes,*	*tes,*	*rent.*
	Les verbes en er *font*	ai,	as,	a	âmes,	âtes,	èrent.
	Futur.	*rai,*	*ras,*	*ra,*	*rons,*	*rez,*	*ront.*
CONDITIONNEL	Présent ou Futur.	*rais,*	*rais,*	*rait,*	*rions,*	*riez,*	*raient*
IMPÉRATIF	Présent ou Futur.	»	*s,*	»	*ons,*	*ez,*	»
	Les verbes en er *font*	»	e,	»	ons,	ez,	»
SUBJONCTIF	Présent ou Futur.	*e,*	*es,*	*e,*	*ions,*	*iez,*	*ent.*
	Imparfait.	*sse,*	*sses,*	*t,*	*ssions,*	*ssiez,*	*ssent.*
INFINITIF	Présent.	*er* ou *ir* ou *oir* ou *re.*					
	PARTICIPE. Présent.	*ant.*					
	— Passé.	*é* ou *i* ou *u* ou *s* ou *t.*					

213. Les verbes en *dre* prennent au présent de l'indicatif *ds, ds, d,* moins les verbes en *indre* et en *soudre,* qui font *s, s, t.*

Je prends, tu rends, il tend. — Je joins, tu crains, il absout.

214. Les verbes *cueillir, ouvrir* et leurs dérivés, ainsi que les verbes en *frir,* prennent au présent de l'indicatif singulier *e, es, e.*

Je couvre, tu cueilles, il offre.
Qui sème le bien, recueille le bien.

215. La conjugaison des temps composés n'offre point de difficultés, puisqu'ils sont tous formés d'un auxiliaire déjà connu, et du participe passé du verbe que l'on conjugue.

Il a terminé,
Nous avons terminé,
Ils ont terminé.
Vous eussiez aimé.

Au moyen de ce tableau des terminaisons, la conjugaison des verbes devient facile; — Les irrégularités qui peuvent parfois arrêter l'élève sont indiquées à la fin de ce chapitre (263.)

216. Les lettres qui précèdent les terminaisons de l'infinitif se répètent ordinairement à chaque personne de chaque temps : on les nomme le *radical* du verbe; comme *aim*, du verbe *aimer; form,* du verbe *former; cour,* du verbe *courir,* etc., etc.

217. Modèle de la 1re conjugaison. — Verbe Aimer.

INDICATIF.

Présent.

J'aime,
Tu aimes,
Le fils aime,
Nous aimons,
Vous aimez,
Le fils et la fille aiment.

Imparfait.

J'aimais,
Tu aimais,
Victor aimait,
Nous aimions,
Vous aimiez,
Elles aimaient.

Passé défini.

J'aimai,
Tu aimas,
Il aima,
Nous aimâmes,
Vous aimâtes,
Ils aimèrent.

Passé indéfini.

J'ai aimé,
Tu as aimé,
Lucie a aimé,
Nous avons aimé,
Vous avez aimé,
Les sœurs ont aimé.

Passé antérieur déf.

J'eus aimé,
Tu eus aimé,
Elle eut aimé,
Nous eûmes aimé,
Vous eûtes aimé,
Elles eurent aimé.

Passé antér. indéfini

J'ai eu aimé,
Tu as eu aimé,
Il a eu aimé,
Nous avons eu aimé,
Vous avez eu aimé,
Ils ont eu aimé.

Plus-que-Parfait.

J'avais aimé,
Tu avais aimé,
Il avait aimé,
Nous avions aimé,
Vous aviez aimé,
Ils avaient aimé.

Futur.

J'aimerai,
Tu aimeras,
Félix aimera,
Nous aimerons,
Vous aimerez,
Léon et Clet aimeront.

Futur antérieur.

J'aurai aimé,
Tu auras aimé,
Il aura aimé,
Nous aurons aimé,
Vous aurez aimé,
Ils auront aimé.

CONDITIONNEL.

Présent.

J'aimerais,
Tu aimerais,
Marie aimerait,
Nous aimerions,
Vous aimeriez,
Elles aimeraient.

Passé.

J'aurais aimé,
Tu aurais aimé,
Il aurait aimé,
Nous aurions aimé,
Vous auriez aimé,
Ils auraient aimé.

Deuxième Passé.

J'eusse aimé,
Tu eusses aimé,
Elle eût aimé,
Nous eussions aimé,
Vous eussiez aimé,
Elles eussent aimé.

Impératif.

Aime,
Aimons,
Aimez.

SUBJONCTIF.

Présent ou Futur.

Que j'aime,
Que tu aimes,
Qu'il aime,
Que nous aimions,
Que vous aimiez,
Qu'ils aiment.

Imparfait.

Que j'aimasse,
Que tu aimasses,
Qu'il aimât,
Que nous aimassions,
Que vous aimassiez,
Qu'ils aimassent.

Passé.

Que j'aie aimé,
Que tu aies aimé,
Qu'elle ait aimé,
Que nous ayons aimé,
Que vous ayez aimé,
Qu'elles aient aimé.

Plus-que-parfait.

Que j'eusse aimé,
Que tu eusses aimé,
Qu'il eût aimé,
Que nous eussions aimé,
Que vous eussiez aimé,
Qu'ils eussent aimé.

INFINITIF.

Présent.

Aimer.

Passé.

Avoir aimé.

PARTICIPE.

Présent.

Aimant.

Passé.

Aimé, aimée,
Ayant aimé.

218. Modèle de la 2me Conjugaison. — Verbe **Finir**.

INDICATIF.

Présent.

Je finis,
Tu finis,
Il finit,
Nous finissons,
Vous finissez,
Ils finissent.

Imparfait.

Je finissais,
Tu finissais,
Un ami finissait,
Nous finissions,
Vous finissiez,
Ils finissaient.

Passé défini.

Je finis,
Tu finis,
Elle finit,
Nous finîmes,
Vous finîtes,
Ils finirent.

Passé indéfini.

J'ai fini,
Tu as fini,
Julie a fini,
Nous avons fini,
Vous avez fini,
Les élèves ont fini.

Passé antérieur déf.

J'eus fini,
Tu eus fini,
Il eut fini,
Nous eûmes fini,
Vous eûtes fini,
Ils eurent fini.

Passé antér. indéfini.

J'ai eu fini,
Tu as eu fini,
Elle a eu fini,
Nous avons eu fini,
Vous avez eu fini,
Elles ont eu fini.

Plus-que-parfait.

J'avais fini,
Tu avais fini,
Il avait fini,
Nous avions fini,
Vous aviez fini,
Ils avaient fini.

Futur.

Je finirai,
Tu finiras,
Il finira,
Nous finirons,
Vous finirez,
Ils finiront.

Futur antérieur.

J'aurai fini,
Tu auras fini,
Il aura fini,
Nous aurons fini,
Vous aurez fini,
Elles auront fini.

CONDITIONNEL.

Présent.

Je finirais,
Tu finirais,
Jean finirait,
Nous finirions,
Vous finiriez,
Ils finiraient.

Passé.

J'aurais fini,
Tu aurais fini,
Elle aurait fini,
Nous aurions fini,
Vous auriez fini,
Elles auraient fini.

Deuxième Passé.

J'eusse fini,
Tu eusses fini,
Ma mère eût fini,
Nous eussions fini,
Vous eussiez fini,
Ils eussent fini.

IMPÉRATIF.

Finis,
Finissons,
Finissez.

SUBJONCTIF.

Présent ou *Futur*.

Que je finisse,
Que tu finisses,
Qu'elle finisse,
Que nous finissions,
Que vous finissiez,
Qu'elles finissent.

Imparfait.

Que je finisse,
Que tu finisses,
Que Paul finît,
Que nous finissions,
Que vous finissiez,
Qu'ils finissent.

Passé.

Que j'aie fini,
Que tu aies fini,
Qu'il ait fini,
Que nous ayons fini,
Que vous ayez fini,
Qu'elles aient fini.

Plus-que-parfait.

Que j'eusse fini,
Que tu eusses fini,
Qu'elle eût fini,
Que nous eussions fini,
Que vous eussiez fini,
Qu'ils eussent fini.

INFINITIF.

Présent.

Finir.

Passé.

Avoir fini.

PARTICIPE.

Présent.

Finissant.

Passé.

Fini, finie,
Ayant fini.

219. Modèle de la 3me Conjugaison. — Verbe **Recevoir**

INDICATIF.

Présent.

Je reçois,
Tu reçois,
Arthur reçoit,
Nous recevons,
Vous recevez,
Ils reçoivent.

Imparfait.

Je recevais,
Tu recevais,
Il recevait,
Nous recevions,
Vous receviez,
Ils recevaient.

Passé défini.

Je reçus,
Tu reçus,
Il reçut,
Nous reçûmes,
Vous reçûtes,
Ils reçurent.

Passé indéfini.

J'ai reçu,
Tu as reçu,
Il a reçu,
Nous avons reçu,
Vous avez reçu,
Ils ont reçu.

Passé antér. défini.

J'eus reçu,
Tu eus reçu,
Elle eut reçu,
Nous eûmes reçu,
Vous eûtes reçu,
Ils eurent reçu.

Passé antér. indéfini

J'ai eu reçu,
Tu as eu reçu,
Il a eu reçu,
Nous avons eu reçu,
Vous avez eu reçu,
Ils ont eu reçu.

Plus-que-parfait.

J'avais reçu,
Tu avais reçu,
Il avait reçu,
Nous avions reçu,
Vous aviez reçu,
Ils avaient reçu.

Futur.

Je recevrai,
Tu recevras,
Le prince recevra,
Nous recevrons,
Vous recevrez,
Les princes recevront.

Futur antérieur.

J'aurai reçu,
Tu auras reçu,
Elle aura reçu.
Nous aurons reçu,
Vous aurez reçu,
Elles auront reçu.

CONDITIONNEL.

Présent.

Je recevrais,
Tu recevrais,
Il recevrait,
Nous recevrions,
Vous recevriez,
Ils recevraient.

Passé.

J'aurais reçu,
Tu aurais reçu,
Il aurait reçu,
Nous aurions reçu,
Vous auriez reçu,
Ils auraient reçu.

Deuxième Passé.

J'eusse reçu,
Tu eusses reçu,
Elle eût reçu,
Nous eussions reçu,
Vous eussiez reçu,
Elles eussent reçu.

IMPÉRATIF.

Reçois,
Recevons,
Recevez.

SUBJONCTIF.

Présent ou Futur.

Que je reçoive,
Que tu reçoives,
Qu'il reçoive,
Que nous recevions,
Que vous receviez,
Qu'ils reçoivent.

Imparfait.

Que je reçusse,
Que tu reçusses,
Qu'il reçût,
Que nous reçussions,
Que vous reçussiez,
Qu'ils reçussent.

Passé.

Que j'aie reçu,
Que tu aies reçu,
Qu'il ait reçu,
Que nous ayons reçu,
Que vous ayez reçu,
Qu'ils aient reçu.

Plus-que-parfait.

Que j'eusse reçu,
Que tu eusses reçu,
Qu'il eût reçu,
Que nous eussions reçu,
Que vous eussiez reçu,
Qu'ils eussent reçu.

INFINITIF.

Présent.

Recevoir.

Passé.

Avoir reçu.

PARTICIPE.

Présent.

Recevant.

Passé.

Reçu, reçue,
Ayant reçu.

220. Modèle de la 4me Conjugaison. — Verbe **Rendre**.

INDICATIF.

Présent.

Je rends,
Tu rends,
Elle rend,
Nous rendons,
Vous rendez,
Elles rendent.

Imparfait.

Je rendais,
Tu rendais,
Léonie rendait,
Nous rendions,
Vous rendiez,
Ils rendaient.

Passé défini.

Je rendis,
Tu rendis,
Justine rendit,
Nous rendîmes,
Vous rendîtes,
Paul et Julie rendirent.

Passé indéfini.

J'ai rendu,
Tu as rendu,
Louis a rendu,
Nous avons rendu,
Vous avez rendu,
Ils ont rendu.

Passé antér. défini.

J'eus rendu,
Tu eus rendu,
Il eut rendu,
Nous eûmes rendu,
Vous eûtes rendu,
Elles eurent rendu.

Passé antér. indéfini

J'ai eu rendu,
Tu as eu rendu,
Il a eu rendu,
Nous avons eu rendu,
Vous avez eu rendu,
Ils ont eu rendu.

Plus-que-Parfait.

J'avais rendu,
Tu avais rendu,
Elle avait rendu,
Nous avions rendu,
Vous aviez rendu,
Ils avaient rendu.

Futur.

Je rendrai,
Tu rendras,
La gerbe rendra,
Nous rendrons,
Vous rendrez,
Les gerbes rendront.

Futur antérieur.

J'aurai rendu,
Tu auras rendu,
Il aura rendu,
Nous aurons rendu,
Vous aurez rendu,
Ils auront rendu.

CONDITIONNEL.

Présent.

Je rendrais,
Tu rendrais,
Pierre rendrait,
Nous rendrions,
Vous rendriez,
Ils rendraient.

Premier Passé.

J'aurais rendu,
Tu aurais rendu,
Il aurait rendu,
Nous aurions rendu,
Vous auriez rendu,
Ils auraient rendu.

Deuxième Passé.

J'eusse rendu,
Tu eusses rendu,
Elle eût rendu,
Nous eussions rendu,
Vous eussiez rendu,
Ils eussent rendu.

Impératif.

Rends,
Rendons,
Rendez.

SUBJONCTIF.

Présent.

Que je rende,
Que tu rendes,
Qu'Ernest rende,
Que nous rendions,
Que vous rendiez,
Qu'ils rendent.

Imparfait.

Que je rendisse,
Que tu rendisses,
Qu'Elie rendît,
Que nous rendissions,
Que vous rendissiez,
Qu'elles rendissent.

Passé.

Que j'aie rendu,
Que tu aies rendu,
Qu'il ait rendu,
Que nous ayons rendu,
Que vous ayez rendu,
Qu'ils aient rendu,

Plus-que-parfait.

Que j'eusse rendu,
Que tu eusses rendu,
Qu'il eût rendu,
Que nous eussions rendu
Que vous eussiez rendu,
Qu'ils eussent rendu.

INFINITIF.

Présent.

Rendre.

Passé.

Avoir rendu.

PARTICIPE.

Présent.

Rendant.

Passé.

Rendu, rendue,
Ayant rendu.

DEVOIRS : — **Verbes à conjuguer** : *Aider, plaider, former, chanter, clouer, chercher, parier. — Unir, salir, bénir, adoucir, avertir. — Percevoir, concevoir, apercevoir, devoir. — Défendre, attendre, répondre, confondre, absoudre, craindre, atteindre.*

---

221. Conjugaison d'un Verbe avec l'auxiliaire **Être**.

(*Le participe passé de ces verbes s'accorde avec le sujet en genre et en nombre comme l'adjectif* [278]).

INDICATIF.

Présent.

Je pars,
Tu pars,
Mon frère part,
Nous partons,
Vous partez,
Mes sœurs partent.

Imparfait.

Je partais,
Tu partais,
Elle partait,
Nous partions,
Vous partiez,
Elles partaient,

Passé défini.

Je partis,
Tu partis,
L'armée partit,
Nous partîmes,
Vous partîtes,
Les armées partirent.

Passé indéfini.

Je suis parti,
Tu es parti,
Il est parti,
Nous sommes partis,
Vous êtes partis,
Ils sont partis,

Passé antérieur déf.

Je fus parti,
Tu fus parti,
Elle fut partie,
Nous fûmes partis,
Vous fûtes partis,
Elles furent parties.

Passé antér. indéfini.

J'ai été parti,
Tu as été parti,
Il a été parti,
Nous avons été partis,
Vous avez été partis,
Ils ont été partis.

Plus-que-parfait.

J'étais parti,
Tu étais parti,
Il était parti,
Nous étions partis,
Vous étiez partis,
Ils étaient partis.

Futur.

Je partirai,
Tu partiras,
Julien partira,
Nous partirons,
Vous partirez,
Ils partiront.

Futur antérieur.

Je serai parti,
Tu seras parti,
Elle sera partie,
Nous serons partis,
Vous serez partis,
Elles seront parties.

CONDITIONNEL.

Présent.

Je partirais,
Tu partirais,
Il partirait,
Nous partirions,
Vous partiriez,
Ils partiraient.

Premier Passé.

Je serais parti,
Tu serais parti,
Elle serait partie,
Nous serions partis,
Vous seriez partis,
Ils seraient partis.

Deuxième Passé.

Je fusse parti,
Tu fusses parti,
Sa mère fût partie,
Nous fussions partis,
Vous fussiez partis,
Elles fussent parties.

IMPÉRATIF.

Pars,
Partons,
Partez.

SUBJONCTIF.

Présent.

Que je parte,
Que tu partes,
Qu'il parte,
Que nous partions,
Que vous partiez,
Qu'ils partent.

Imparfait.

Que je partisse,
Que tu partisses,
Qu'elle partît,
Que nous partissions,
Que vous partissiez,
Qu'elles partissent.

Passé.

Que je sois parti,
Que tu sois parti,
Que Paul soit parti,
Que nous soyons partis,
Que vous soyez partis,
Qu'elles soient parties.

Plus-que-parfait.

Que je fusse parti,
Que tu fusses parti,
Que Zoé fût partie,
Que nous fussions partis,
Que vous fussiez partis,
Qu'ils fussent partis,

INFINITIF.

Présent.

Partir.

Passé.

Être parti,

PARTICIPE.

Présent.

Partant.

Passé.

Parti, partie,
Etant parti.

DEVOIRS : — **Verbes à conjuguer** : *Aller, arriver, repartir, sortir.*

---

222. Conjugaison d'un Verbe réfléchi.

(*Dans les verbes réfléchis, l'auxiliaire* Être *étant à la place de l'auxiliaire* Avoir, *le participe passé de ces verbes suit la règle des participes conjugués avec* Avoir (279-280).

INDICATIF.

Présent.

Je me sers,
Tu te sers,
Il se sert,
Nous nous servons,
Vous vous servez,
Ils se servent.

Imparfait.

Je me servais,
Tu te servais,
Elle se servait,
Nous nous servions,
Vous vous serviez,
Elles se servaient.

Passé défini.

Je me servis,
Tu te servis,
Daniel se servit,
Nous nous servîmes,
Vous vous servîtes,
Ils se servirent.

Passé indéfini.

Je me suis servi,
Tu t'es servi,
Elle s'est servie,
Nous nous sommes servis
Vous vous êtes servis,
Elles se sont servies.

Passé antérieur.

Je me fus servi,
Tu te fus servi,
Il se fut servi,
Nous nous fûmes servis,
Vous vous fûtes servis,
Ils se furent servis.

Plus-que-parfait.

Je m'étais servi,
Tu t'étais servi,
Elle s'était servie,
Nous nous étions servis,
Vous vous étiez servis,
Elles s'étaient servies.

Futur.

Je me servirai,
Tu te serviras,
Georges se servira,
Nous nous servirons,
Vous vous servirez,
Ils se serviront.

Futur antérieur.

Je me serai servi,
Tu te seras servi,
Il se sera servi,
Nous nous serons servis,
Vous vous serez servis,
Ils se seront servis.

CONDITIONNEL.

Présent.

Je me servirais,
Tu te servirais,
Il se servirait,
Nous nous servirions,
Vous vous serviriez,
Ils se serviraient.

Premier Passé.

Je me serais servi,
Tu te serais servi,
Elle se serait servie,
Nous nous serions servis
Vous vous seriez servis,
Ils se seraient servis.

Deuxième Passé.

Je me fusse servi,
Tu te fusses servi,

Il se fût servi,
Nous n. fussions servis,
Vous v. fussiez servis,
Elles se fussent servies.

IMPÉRATIF.

Sers-toi,
Servons-nous,
Servez-vous.

SUBJONCTIF.

Présent.

Que je me serve,
Que tu te serves,
Que Charles se serve,
Que nous nous servions,
Que vous vous serviez,
Qu'ils se servent.

Imparfait.

Que je me servisse,
Que tu te servisses,
Qu'elle se servît,
Que nous n. servissions,
Que vous v. servissiez,
Qu'ils se servissent.

Passé.

Que je me sois servi,
Que tu te sois servi,
Qu'elle se soit servie,
Que n. n. soyons servis,
Que vous v. soyez servis,
Qu'ils se soient servis.

Plus-que-parfait.

Que je me fusse servi,
Que tu te fusses servi,
Qu'elle se fût servie,
Que n. n. fussions servis,
Que v. v. fussiez servis,
Qu'ils se fussent servis.

INFINITIF.

Présent.

Se servir.

Passé.

S'être servi.

PARTICIPE.

Présent.

Se servant.

Passé.

S'étant servi, servie, servis *ou* servies.

223. Quelques verbes ne peuvent s'employer que dans le sens réfléchi : on les appelle verbes *essentiellement réfléchis.*

Se *repentir*, s'*abstenir*, se *souvenir*, s'*emparer*, s'*écrier*.

224. La forme réfléchie est souvent employée pour le verbe ÊTRE et l'attribut du sujet. — (Cela arrive lorsque le sujet ne peut faire *lui-même* l'action exprimée par le verbe ainsi employé.)

Cette place ne *se donnera* qu'au plus digne = *ne sera donnée* qu'au plus digne.

DEVOIRS : — *L'élève conjugue les verbes* se repentir, se souvenir, s'emparer, se frapper, se taire, etc...

---

225. Conjugaison d'un Verbe unipersonnel.

INDICATIF.

Présent.

Il pleut.

Imparfait.

Il pleuvait.

Passé défini.

Il plut.

Passé indéfini.

Il a plu.

Passé antér. défini.

Il eut plu.

Passé antér. indéfini

Il a eu plu.

Plus-que-parfait.

Il avait plu.

Futur.

Il pleuvra.

Futur antérieur.

Il aura plu.

CONDITIONNEL.

Présent.

Il pleuvrait.

Premier Passé.

Il aurait plu.

Deuxième Passé.

Il eût plu.

SUBJONCTIF.

Présent.

Qu'il pleuve.

Imparfait.

Qu'il plût.

Passé.

Qu'il ait plu.

Plus-que-parfait.

Qu'il eût plu.

INFINITIF.

Présent.

Pleuvoir.

Passé.

Avoir plu.

PARTICIPE.

Présent.

Pleuvant.

Passé.

Plu, ayant plu.

226. Certains verbes sont toujours unipersonnels.

D'autres ne le sont que par circonstance (198.)

Falloir, *neiger*, *tonner*.

Il *est tombé* beaucoup d'eau cet hiver.

Devoirs : — **Verbes à conjuguer** : *Neiger, tonner, falloir, importer, résulter.*

Place du Sujet.

227. Le sujet se place ordinairement avant le verbe.

La vie dure peu. Le Ciel est pur.

Par inversion on place quelquefois le sujet après le verbe (348.)

Abondante sera la *moisson*, je l'espère.

228. Lorsqu'on interroge, le sujet se place après le verbe. — Dans ce cas, l'*e* muet final se change en *é* fermé devant le pronom *je*.

Viendrez-*vous* nous voir? — Où vas-*tu*? — Aimé-*je* cet enfant?

Si le temps du verbe employé interrogativement est composé, le *pronom* sujet se place entre l'auxiliaire et le participe, et le *nom*, sujet, après le participe.

Aurez-*vous* fini avant cinq heures? Sera-t-*il* parti? Qu'en a dit *Bossuet*?

Si le pronom *je*, placé après un verbe interrogatif, présente un sens équivoque, on le place alors devant, en donnant une autre tournure à la phrase.

Sers-je? cours-je? dors-je?... — *Dire :* Est-ce que *je* sers? — Est-ce que *je* cours?...

229. On sous-entend le sujet devant les verbes employés à l'impératif (347.)

Bêchez, prenez de la peine = *vous* bêchez...

L'usage permet de sous-entendre le sujet devant le second verbe.

Je plie et ne romps pas = *je* ne romps.. Il ne rit ni ne dort.

Mais si le premier verbe est employé négativement et non le second, on doit exprimer le sujet devant ce dernier.

Je ne plie pas, mais *je* romps.

230. On met le sujet après le verbe dans les expressions : *dit-il, répondit-elle, dit le Seigneur*...

Je crois, dit Joseph à ses frères, que vous êtes des espions.

Devoirs : I. — *L'élève relève les sujets d'une dictée, et indique la raison qui les a fait placer avant ou après le verbe.* — II. Devoir analogue sur sa leçon ou un passage de son livre.

Accord du Verbe avec son Sujet.

231. Le verbe se met au même nombre et à la même personne que son sujet.

Je donne ; tu donnes ; votre sœur pleure.

232. Si le verbe a plusieurs sujets, il se met au pluriel.

A la mort, le roi et le berger *sont* égaux.

Si les sujets d'un verbe sont de différentes personnes, on le met au pluriel, et à la personne qui a la priorité. — (La première personne a la priorité sur les deux autres, et la deuxième a la priorité sur la troisième.)

Ta mère et moi *perdons* l'espérance de te revoir.

Vous et mon frère *viendrez* ce soir.

233. Lorsqu'un verbe a plusieurs sujets, l'usage permet de les réunir dans un mot collectif avec lequel on fait accorder le verbe.

Le blé, le vin, le miel, *tout abonde* en Italie.

Veiller et prier, *ce fut* toute sa vie (241.)

234. Si les sujets sont unis par la conjonction *ou*, on fait accorder le verbe avec le dernier, pourvu que ces sujets soient à la même personne ; — si les sujets unis par *ou* sont à une personne différente, on met le verbe au pluriel.

La foudre ou le vent *peut* renverser le chêne le plus fort.

Mon frère ou moi *serons* heureux de vous recevoir.

235. Si les sujets sont placés par gradation, on fait accorder le verbe avec le dernier.

Un oiseau ; une ombre, un rien l'effraie.

236. Si les sujets sont unis par *comme, de même que, ainsi que, aussi bien que*, on fait accorder le verbe avec le premier.

La joie, *ainsi que* les peines, *peut* nuire = la joie peut... ainsi que les peines *peuvent*... s.-ent.

237. Deux sujets singuliers unis par la conjonction *ni*, veulent le verbe au pluriel. — Si cependant, l'un des sujets peut seul faire l'action, le verbe se met au singulier.

Ni toi, ni Pauline ne *partirez*. — Ni Auguste, ni Jules ne *portera* cette lettre à la poste.

238. Si le verbe a pour sujet un nom collectif général, il s'accorde avec ce collectif.

La foule furieuse se *précipita* sur lui.

Si le verbe a pour sujet un collectif partitif, ou un des équivalents *peu, bien, beaucoup, la plupart...*, il s'accorde avec le nom qui suit.

Une foule de gens se *présentèrent*.

Peu d'enfants *ont* l'esprit de réflexion.

239. Les infinitifs des verbes, comme tout autre mot employé comme nom, sont sujets ou compléments.

Pour Sylla *gagner* des batailles fut un jeu. — Elle veut lire.

240. *Il convient d'éviter dans l'emploi des sujets ces pléonasmes vicieux auxquels les enfants ne font pas une assez grande attention* (346.)

Moi, je l'ai vu. — Dire : *Je l'ai vu.* Il l'a fait, lui; — dites: *lui l'a fait.*

DEVOIRS : — I. *Écrire 5, 10... exemples relatifs aux règles Nos 231, 232...* — II. III. IV. — Devoirs analogues sur les autres règles qui seront indiquées par le maître. — V. VI. *Relever 5, 10... verbes de la dictée ou de la leçon et expliquer pourquoi ils sont à tel nombre, telle personne, etc...* — VII. VIII. — *Analyses un peu étendues :* La France est un pays fertile; elle produit toutes les choses nécessaires à la vie...

OBSERVATIONS SUR LES VERBES.

Verbe Être.

241. Le verbe *être* précédé de *ce*, *c'*, doit se mettre au pluriel s'il est suivi d'une *troisième personne du pluriel.*

Ce *sont* mes *frères*. C'*étaient eux...* Ce *sera* ton père et lui qui viendront.

Verbes en er.

242. Les verbes en *cer* prennent une cédille sous le *c*, s'il est suivi de *a* ou de *o*.

Tu le menaçais. Je traçai un sillon.

243. Les verbes en *ger* gardent un *e* muet après le *g* s'il est suivi de *a* ou de *o*.

Vous mangeâtes. Il nageait hier.

244. Les verbes en *guer* ont toujours un *u* après le *g*. — Dans les autres mots, on ne laisse l'*u* que dans les syllabes *gue, gui, guy*.

Vous voguâtes fort longtemps. — Il distingua. — Figue, *cigare*, sanguin.

245. Les verbes en *eler* ou en *eter* prennent deux *l* ou deux *t* devant un *e* muet; mais non les verbes en *éler* ou en *éter*.

Appeler, jeter; il *appelle*, il *jette*. Révéler, quêter; il *révéle*, il *quêtera*.

Les verbes qui ont deux *l* ou deux *t* à l'infinitif les conservent dans toute la conjugaison.

Seller, il *selle*, il *sella* guetter, tu *guettas*.

246. Les verbes en *iter* ne prennent qu'un *t*. — *Quitter, acquitter,* se *racquitter* prennent deux *t*.

Un prêteur *mérite*; qu'on s'*acquitte* envers lui.

247. Les verbes en *mander* et les mots qui dérivent de ces verbes prennent toujours un *a*. — On excepte *amender* (rendre meilleur), et *amende* (peine pécuniaire.)

Vous demandez un terrain bien *amendé*. Une réprimande, une amande, la demande.

248. Les verbes en *onner* prennent deux *n*. — Excepté *trôner, prôner, ramoner*.

Je donnai mon bien. Il questionnera le meilleur élève.

249. Les verbes en *er* ont toujours un *e* muet, au futur et au conditionnel, devant les terminaisons *rai, ras, ra... rais, rions...*

Il confiera (confier.) Je lierai (de lier.) Il *confira* (de confire.) Je *lirai* (de lire.)

Devoirs : — I. **Verbes à conjuguer** : *Tracer, renoncer; — charger, obliger, protéger; — atteler, modeler, appeler; — mêler, révéler, céler; — acheter, jeter, feuilleter; — répéter, inquiéter, quêter; — Quereller, seller, sceller; — guetter, fouetter; — fatiguer, distinguer, arguër; — mériter, citer; — quitter; — commander, demander, amender; — couronner, donner; — ramoner; — prier, lier, appuyer, essuyer.* — II. *Le maître fait une dictée sur ces observations et l'élève rend compte des lettres qu'il a employées.* — III. *L'élève relève d'un passage les verbes relatifs aux observations ci-dessus.* — IV. *Faire une liste de verbes en* eler, *en* onner.... — V. *Employer 5, 10... de ces verbes, et rendre compte de leur orthographe.* Ainsi, N° 246 : J'écris MÉRITE avec un seul T, parce que les verbes en ITER comme MÉRITER ne prennent qu'un T. — QUITTER et ses dérivés prennent seuls deux T; etc., etc.

Verbes en **ir**.

250. Le verbe *haïr* prend un tréma sur l'*ï* dans toute la conjugaison, excepté aux personnes du singulier du présent de l'indicatif et de l'impératif. — Le tréma tient lieu d'accent circonflexe.

Je *hais* tous ces flatteurs. Nous *haïmes* le vice, tu le haïras; *hais*-le toujours.

251. Le verbe *fleurir*, employé au figuré, fait *florissant* au participe présent, et *florissais*... à l'imparfait de l'indicatif.

Les sciences et les arts florissaient sous Louis XIV.

252. Le verbe *bénir* prend un *t* au participe passé, *bénit, bénite*, si l'idée qu'il exprime se rapporte à une cérémonie de l'Eglise; ailleurs, *béni, bénie*, sans *t*.

Sa mère portait une croix *bénite*. Une famille *bénie* de Dieu.

253. Le verbe *bâtir* n'a qu'un *t* et prend un accent circonflexe sur l'*a*. (Ne pas le confondre avec *battre* qui prend deux *t* (260.)

Il *battit* son blé sur l'aire où, quelques années plus tard, il *bâtit* sa maison.

254. Les verbes en *enir* prennent deux *n* devant un *e* muet; (leur passé défini se termine par *ins, ins, int, înmes, întes, inrent.*)

Il faut que tu *viennes* à la ville; nous *vînmes* l'hiver dernier.

255. Le verbe *vêtir* prend l'accent circonflexe sur l'*e* dans toute la conjugaison.

Je vêts, tu vêts, nous vêtons, tu vêtais.

DEVOIRS : — I. **Verbes à conjuguer** : *Haïr, bâtir, tenir, venir, parvenir, vêtir, maintenir, bénir, retenir.* — II. *Construire 5, 10... phrases renfermant quelqu'un de ces verbes, et rendre compte de leur orthographe.*

Verbes en **oir**.

256. Le participe passé masculin singulier des verbes *devoir* et *mouvoir* prend l'accent circonflexe sur l'*u* (43.)

Le respect *dû* à la religion.
L'arbre s'est *mû*.

DEVOIRS : — I. **Verbes à conjuguer** : *Devoir, redevoir, mouvoir.* — (II. III. IV... *comme les précédents.*)

Verbes en **re**.

257. Les verbes en *endre* ont tous un *e* avant *n*, excepté *répandre.*

Julie *prétend* que tu as *répandu* le lait.

258. Les verbes en *aître*, et en *oître*, ainsi que le verbe *plaire*, prennent un accent circonflexe sur l'*i* si un *t* suit (43.). — *Croire* rejette l'accent.

L'arbre croîtra, s'il plaît à Dieu. Ma sœur *croit* que l'enfant *naît* méchant.

259. Les verbes en *eindre* s'écrivent par *ein*, excepté *plaindre, craindre, contraindre.*

Il feint de se *plaindre*. — Il peint avec crainte.

260. *Battre* et *mettre* prennent deux *t*.

Tu battis; il mettra.

261. *Tû*, participe passé du verbe taire, prend l'accent circonflexe (43.)

Au signal donné l'élève s'est *tû*.

262. *Dire* fait au présent de l'indicatif, deuxième personne plurielle : *vous dites*; mais ses dérivés font ...*disez* : *vous médisez, vous prédisez...*

Ne *médisez* jamais du prochain.
Dites le bien, taisez le mal.

DEVOIRS : — I. **Verbes à conjuguer** : *Répandre, vendre, tendre; — croître, paître, plaire, croire; — peindre, plaindre; — Mettre, battre; — taire, se taire; — dire, prédire, maudire.* — (II, III, IV, *comme ceux indiqués après le* N° 249.)

5*

263. ***PRINCIPALES DIFFICULTÉS** que présente la conjugaison des verbes irréguliers.*

Abréviations.

I. pr. = Indic. présent. | *F.* = Futur. | *P. pr.* = Participe présᵗ.
Imp. = Imparfait. | *Impér.* = Impératif. | *P. p.* = Participe passé.
P. d. = Passé défini. | *S. pr.* = Subjonct. présᵗ. | n. v. = nous, vous.

Aller. *I. pr.* Je vais, tu vas, il va... ils vont. — *F.* J'irai, tu iras... *Impér.* Va. — *S. pr.* Que j'aille...

Absoudre. *I. pr.* Nous absolvons, v. absolvez, ils absolvent.—*Imp.* J'absolvais. — (*Point de P. d.*). — *S. pr.* Que j'absolve... — *P. pr.* Absolvant. — *P. p.* Absous, absoute.

Acquérir. *I. pr.* J'acquiers... n. acquérons... ils acquièrent. — *Imp.* J'acquérais... — P. *d.* J'acquis... — *F.* J'acquerrai... — *S. pr.* Que j'acquière... — *Imp.* Que j'acquisse... — P. *p.* Acquis.

Boire. *I. pr.* Je bois... n. buvons, v. buvez, ils boivent. — *Imp.* Je buvais... — P. *d.* Je bus... — *S. pr.* Que je boive... — *Imp.* Que je busse... — P. *pr.* Buvant. — P. *p.* Bu, bue.

Braire. *Ne s'emploie qu'aux troisièmes personnes*: Il brait, ils braient...

Clore. *I. pr.* Je clos... — (*sans pluriel, ni imp., ni p. d.; ni pr., ni imp. du subj., ni part. pr.*). — P. *p.* Clos, close.

Conclure. *I. pr.* Je conclus... n. concluons... — *Imp.* Je concluais... — *F.* Je conclurai... — *S. pr.* Que je conclue... — P. *pr.* Concluant. — P. *p.* conclu, conclue.

Confire. *I. pr.* Je confis... n. confisons... — *F.* Je confirai, tu confiras... — *S. pr.* Que je confise... — P. *p.* Confit, confite.

Coudre. *I. pr.* Je couds... n. cousons... — P. *d.* Je cousis... — P. *pr.* Cousant. — P. *p.* Cousu.

Courir. *I. pr.* Je cours... — P. *d.* Je courus... — *F.* Je courrai... — *S. pr.* Que je coure...

Croire. *I. pr.* Je crois... n. croyons... — *Imp.* Je croyais... — P. *d.* Je crus... — P. *pr.* Croyant. — P. *p.* cru, crue.

Croître. *I. pr.* Je crois... n. croissons. — *Imp.* Je croissais... — *F.* Je croîtrai... — P. *pr.* Croissant. — P. *p.* Crû, crûe.

Déchoir. *I. pr.* Je déchois... n. déchoyons. — (*Sans imp.*). — P. *d.* Je déchus... — *F.* Je décherrai... — *S. pr.* Que je déchoie... — *Imp.* Que je déchusse... — (*Pas de part. pr.*). — P. *p.* Déchu.

Dire. *I. pr.* Je dis... n. disons, v. dites, ils disent. — P. *d.* Je dis... n. dîmes. — P. *p.* Dit, dite.

Ecrire. P. *d.* J'écrivis, tu écrivis... — P. *p.* Ecrit, écrite.

Envoyer. *F.* J'enverrai, tu enverras...

Echoir. *N'est bien usité qu'aux troisièmes personnes.* — *I. pr.* Il échoit... — P. *d.* Il échut... — *F.* Il écherra... — *S. pr.* Qu'il échée... — *Imp.* Qu'il échût. — P. *pr.* Echéant.

Exclure. *I. pr.* J'exclus... n. excluons... — *Imp. du subj.* Que j'exclusse... — P. *p.* Exclu.

Faillir. *N'a ni pr., ni imp. de l'ind., ni de pr. subj.*

Faire. *I. pr.* N. faisons, v. faites, ils font. — P. *d.* Je fis... — *F.* Je ferai... — *S. pr.* Que je fasse. — *Imp.* Que je fisse... — P. *pr.* Faisant. P. *p.* Fait.

Fuir. *I. pr.* Je fuis... n. fuyons, ils fuient. — P. *pr.* Fuyant. — P. *p.* Fui.

Joindre. *I. pr.* je joins... n. joignons... — P. *d.* Je joignis... — *S. pr.* Que je joigne... — P. *pr.* Joignant. — P. *p.* Joint, jointe.

Lire. P. *d.* Je lus... n. lûmes... — *S. pr.* Que je lise. — *Imp.* Que je lusse. — P. *p.* Lu.

Luire. *Sans p. d., ni impér., ni imp. du subj.* — P. *p.* Lui, *sans féminin.*

Mourir. I. *pr.* Je meurs... n. mourons, v. mourez, ils meurent. — P. *d.* Je mourus... — *F.* Je mourrai... — *S. pr.* Que je meure... — *Imp.* Que je mourusse... — P. *p.* Mort, morte.

Mouvoir. I. *pr.* Je meus... n. mouvons, v. mouvez, ils meuvent. — P. *d.* Je mus. — *F.* Je mouvrai. — *S. pr.* Que je meuve. — *Imp.* Que je musse... — P. *p.* Mû.

Moudre. I. *pr.* Je mouds... n. moulons... — P. *d.* Je moulus... — P. *p.* Moulu.

Naître. P. *d.* Je naquis. — P. *pr.* Naissant. — P. *p.* Né, née.

Nuire. P. *d.* Je nuisis... — *Imp. du S.* Que je nuisisse. — P. *p.* Nui.

Offrir. I. *pr.* J'offre... — P. *p.* Offert. — *id.* pour tous les verbes en *frir.*

Ouvrir. I. *pr.* J'ouvre... — P. *p.* Ouvert. — *id.* pour tous les verbes en *vrir.*

Paître. *N'a ni p. d., ni imp. du subj. ni temps composés.*

Plaire. P. *d.* Je plus... — *Imp. du S.* Que je plusse... — P. *p.* Plu.

Pouvoir. I. *pr.* Je peux *ou* je puis, tu peux... n. pouvons... ils peuvent. — P. *d.* Je pus... — *F.* Je pourrai. — *S. pr.* Que je puisse... — *Imp.* Que je pusse... — P. *pr.* Pouvant. — P. *p.* Pu.

Quérir. *N'a que l'infinitif.*

Résoudre. I. *pr.* Je résous... n. résolvons... — *Imp.* Je résolvais... — P. *d.* Je résolus. — *F.* Je résoudrai. S. *pr.* Que je résolve. — *Imp.* Que je résolusse... — P. *pr.* Résolvant. — P. *p.* Résolu.

Rire. I. *pr.* Je ris... n. rions... — *Imp.* Je riais... — *S. pr.* Que je rie... — *Imp.* Que je risse... — P. *pr.* Riant. — P. *p.* Ri.

S'asseoir. I. *pr.* Je m'assieds... n. n. asseyons... ils s'asseient. — Je m'asseierai... — *S. pr.* Que je m'asseie... — *Imp.* Que je m'assisse. — P. *pr.* S'asseyant, — P. *p.* Assis.

Savoir. I. *pr.* Je sais... n. savons... — P. *d.* Je sus... — *F.* Je saurai... — *Impér.* Sache, sachons, sachez. — *S. pr.* Que je sache... — *Imp.* Que je susse... — P. *pr.* Sachant. — P. *p.* Su, sue.

Tenir. I. *pr.* Je tiens... n. tenons, ils tiennent. — P. *d.* Je tins, tu tins... n. tînmes. — *S. pr.* Que je tienne. — *Imp.* Que je tinsse... qu'il tînt... — P. *p.* Tenu.

Traire. I. *pr.* Je trais... n. trayons... ils traient. — (*Pas de p. d., ni d'imp. du subj.*) — P. *pr.* Trayant. — P. *p.* Trait, traite.

Tressaillir. I. *pr.* Je tressaille... — *F.* Je tressaillerai... — *Cond. pr.* Je tressaillerais.

Vaincre. I. *pr.* Je vaincs, tu vaincs, il vainc, n. vainquons... — *Imp.* Je vainquais... — P. *d.* Je vainquis... — *S. pr.* Que je vainque... P. *p.* Vaincu.

Valoir. I. *pr.* Je vaux... n. valons... — P. *d.* Je valus... — *F.* Je vaudrai... — *S. pr.* Que je vaille... — *Imp.* Que je valusse... — P. *p.* Valu.

Venir. I. *pr*. Je viens... n. venons ... — Mêmes terminaisons que *tenir*.
Vêtir. I. *pr*. Je vêts... n. vêtons... — *Imp*. Je vêtais... — *S. pr*. Que je vête... — P. *p*. vêtu.
Vivre. I. *pr*. Je vis... n. vivons... — P. *d*. Je vécus... — *S. pr*. Que je vive... — *Imp*. Que je vécusse... — P. *pr*. Vivant. — P. *p*. Vécu.
Voir. I. *pr*. Je vois... n. voyons... — P. *d*. Je vis... — *F*. Je verrai... — *S. pr*. Que je voie. — *Imp*. Que je visse... — P. *pr*. Voyant. — P. *p*. Vu.
Vouloir. I. *pr*. Je veux, tu veux... n. voulons... ils veulent. — P. *d*. Je voulus... — *F*. Je voudrai... — *S. pr*. Que je veuille... que n. voulions... qu'ils veuillent.

DEVOIRS : — *Faire conjuguer chacun des verbes irréguliers. Dicter ou relever 10, 20... verbes. L'élève donne ceux qui offrent une idée opposée :* ENTRER, — Sortir... — *Donner 10, 20... verbes ; l'élève cherche et écrit les noms qui offrent une idée analogue :* VOULOIR, — volonté; — CUIRE, — Cuisson... *et réciproquement :* FUITE, — Fuir; — JONCTION, — Joindre...

Remarques.

264. Lorsqu'un verbe finit par une voyelle et est suivi des pronoms *il*, *elle*, *on*, il faut placer entre le verbe et ces pronoms le *t* euphonique.

Viendra-*t*-on ?
Cherche-*t*-il du bois?
Ira-*t*-elle à Paris ?

Le *t* est pronom et non euphonique, s'il peut être remplacé par le mot *vous* en mettant le verbe au pluriel.

Va-*t*'en à Dijon voir ton oncle.
Allez-*vous* en à Dijon...

265. Si l'impératif finit par une voyelle et a pour complément un des pronoms *y*, *en*, on y ajoute un *s*, *euphonique aussi*. — Mais si ces pronoms ne sont pas compléments de l'impératif on ne met point de *s*.

Cherche*s*-en, vite.
Va*s*-y tout de suite.
Ta mère est malade, va *en* prendre soin = va prendre soin d'*elle*.

266. Il faut donner à chaque verbe le complément qui lui convient; et si le complément est indirect, il faut l'employer avec la préposition exigée par le sens.

Mon père est allé et est revenu *de* Lyon ; *dites* : Mon père est allé *à* Lyon et *en* est revenu.

267. Donner à un verbe deux compléments qui expriment la même idée, c'est un pléonasme vicieux. (346.)

C'est à toi *à qui* je parle ; *dites* : c'est à toi que je parle.

268. Verbes conjugués avec des compléments.

(Après avoir exercé les élèves à conjuguer des verbes isolés, on leur en fait conjuguer avec des compléments, et quelques-uns interrogativement.)

INDICATIF.

Présent.

Je prends un livre,
Tu prends des gâteaux,
Léon prend la plume de son frère,
Nous prenons la corbeille,
Vous prenez un couteau,
Marie et Julie prennent des fruits.
Etc., etc.

CONDITIONNEL.

Passé.

J'aurais pris une belle fleur,
Tu aurais pris des élèves,
Elle aurait pris le café ce matin,
Nous aurions pris les remèdes,
Vous auriez pris de l'argent,
Ils auraient pris ce domaine.
Etc., etc.

DEVOIRS : *Donner à conjuguer la première moitié du verbe* Être *avec un* attribut, *puis avec deux. — Donner la moitié d'un verbe à conjuguer avec des compléments. (L'élève variera les attributs et les compléments le plus possible.) Ou bien ils conjugueront tel ou tel temps indiqués avec les mêmes compléments* : Je trouverai du bonheur dans la maison de mon père. — Tu trouveras du bonheur dans la maison de TON père, etc. *Ou bien encore deux verbes à la fois :* Je porte une lettre et je reçois mon salaire, etc.

269. Verbe conjugué interrogativement.

INDICATIF.

Présent.

Lis-je une histoire?
Lis-tu ta leçon?
Lit-il une fable?
Lisons-nous?
Lisez-vous?
Lisent-ils?

Imparfait.

Lisais-je?
Lisais-tu?
Etc, etc.

Passé défini.

Lus-je long-temps?
Lus-tu la lettre?
Lut-il seul?
Lûmes-nous?
Etc., etc.

Passé indéfini.

Ai-je lu?
As-tu lu?
A-t-il lu?
Etc., etc.

Passé antérieur défini.

Eus-je lu?
Eus-tu lu?...
Eussent-ils lu?

Passé antér. indéfini.

Ai-je eu lu?
As-tu eu lu?
Etc., etc.

Plus-que-parfait.

Avais-je lu?
Etc., etc.

Futur.

Lirai-je?
Liras-tu?

Futur antérieur.

Aurai-je lu?...
Aura-t-il lu?
Etc.

CONDITIONNEL.

Présent.

Lirais-je?...
Etc.

Premier Passé.

Aurais-je lu?
Etc.

Deuxième Passé.

Eussé-je lu?
Eusses-tu lu?
Etc.

L'impératif ne se conjugue pas interrogativement.

SUBJONCTIF.

Présent.

Lisé-je ?
Lisions-nous ?
Etc.

Imparfait.

Lussé-je ?
Lût-il ?
Lussions-nous ?

Passé.

Aie-je lu ?
Aies-tu lu ?

Plus-que-parfait.

Eussé-je lu ?
Etc., etc.

Les temps de l'Infinitif ne se conjuguent pas interrogativement, puisqu'ils n'ont pas de sujet.

---

270. Décomposition des Verbes attributifs.

(Les enfants sont embarrassés pour trouver le verbe Être *dans les verbes attributifs. Nous allons aplanir les difficultés au moyen des exemples suivants. — En changeant de verbe à différents temps, on montre que l'un ne donne pas plus d'embarras que l'autre).*

INDICATIF.

Présent.

Je travaille	*égale*	Je *suis travaillant*,
Tu travailles	—	Tu *es travaillant.*
Il travaille	—	Il *est travaillant.*
Nous travaillons	—	Nous *sommes travaillant.*
Vous travaillez	—	Vous *êtes travaillant.*
Ils travaillent	—	Ils *sont travaillant.*

Imparfait.

Je paraissais	*égale*	J'*étais paraissant.*
Nous paraissions	—	Nous *étions paraissant.*
Elles paraissent	—	Elles *étaient paraissant.*

Passé défini.

Je compris la leçon	*égale*	Je *fus comprenant* la leçon.
Pierre comprit	—	Pierre *fut comprenant.*
Paul et Jean comprirent	—	Paul et Jean *furent comprenant.*

Passé indéfini.

J'ai tenu	*égale*	J'*ai été tenant.*
Louise à tenu	—	Louise *a été tenant.*
Lucie et Zélie ont tenu	—	Lucie et Zélie *ont été tenant.*

Passé antérieur défini.

J'eus dîné	*égale*	J'*eus été dînant.*
Tu eus dîné	—	Tu *eus été dînant.*

Passé antérieur indéfini.

J'ai eu souffert	*égale*	J'*ai eu été souffrant.*
Ils ont eu souffert	—	Ils *ont eu été souffrant.*

Plus-que-parfait.

J'étais allé à la ville	*égale*	J'*avais été allant à...*
Elle était allée	—	Elle *avait été allant.*
Elles étaient allées	—	Elles *avaient été allant.*

Futur.

Je courrai *égale* Je *serai courant.*
Tu courras — Tu *seras courant.*
Ces enfants courront — Ces *enfants seront courant.*

CONDITIONNEL.

Présent.

Je mangerais, si... *égale* Je *serais mangeant,* si...
Le cheval mangerait — Le cheval *serait mangeant.*

Premier Passé.

J'aurais cru, si... *égale* J'*aurais été croyant.*
Nous aurions cru — Nous *aurions été croyant.*

Deuxième Passé.

J'eusse aimé, si... *égale* J'*eusse été aimant.*
Vous eussiez aimé — Vous *eussiez été aimant.*

IMPÉRATIF.

Reviens *égale* Toi (S.-E.) *sois revenant.*
Revenons — Nous (S.-E.) *soyons revenant.*
Revenez — Vous (S.-E.) *soyez revenant.*

SUBJONCTIF.

Présent.

Que je soigne *égale* Que je *sois soignant.*
Que tu soignes — Que tu *sois soignant.*
Que nous soignions — Que nous *soyons soignant.*

Imparfait.

Que je vendisse *égale* Que je *fusse vendant.*
Que ses sœurs vendissent — Que *ses sœurs fussent vendant.*

Passé.

Que je sois venu *égale* Que j'*aie été venant.*
Que tu sois venu — Que tu *aies été venant.*
Que tes fils soient venus — Que tes fils *aient été venant.*

Plus-que-parfait.

Que j'eusse réfléchi *égale* Que j'*eusse été réfléchissant.*
Qu'elle eût réfléchi — Qu'elle *eût été réfléchissant.*

INFINITIF.

Présent.

Réfléchir *égale* *Être réfléchissant.*

DEVOIRS : — I. *L'élève fera quelques devoirs analogues.* — II. *Il relèvera les verbes de sa leçon et les décomposera.*

DU PARTICIPE.

271. Le **Participe** est un mot qui tient du verbe et de l'adjectif : du verbe, par sa forme et sa signification; de l'adjectif, parce qu'il s'ajoute à un nom comme un adjectif.

Il y a deux sortes de participes : le *Participe présent* et le *Participe passé*.

Une lettre *écrite*.
Un enfant *lisant*.
Il a bu de l'eau *puisée* à la fontaine.

Un homme *frappant*
Un homme *frappé*.

Du Participe présent.

272. Le *Participe présent* exprime une action faite par l'individu auquel il se rapporte. — Il est invariable et toujours terminé en *ant*.

J'ai vu l'agriculteur *semant* du blé.
J'ai vu des femmes *balayant* la maison.

Moyen de reconnaître si le mot en ant *est Participe invariable ou Adjectif verbal variable.*

273. Si le mot en *ant* marque une action qui se fait à l'instant où l'on se place par la pensée, il est participe et invariable.

Si le mot en *ant* exprime une qualité, une action qui dure toujours, ou bien une habitude, il est adjectif et s'accorde.

On aime à voir les agneaux *bondissant* dans la prairie.

Voilà une personne *obligeante*. — Les eaux *courantes*. — Des lierres *grimpants* entourent la colonne.

274. Le participe présent a, en général, la même orthographe que l'adjectif masculin semblable. — *Cependant*

Un cerf *courant* au bord d'une eau *courante*.

Les participes en *quant* font l'adjectif en *cant;*

Vaquant. — *Vacant.*
Fabriquant. — *Fabricant.*

Ceux en *guant* font l'adjectif en *gant;*

Fatiguant. — *Fatigant.*

Et enfin certains participes changent l'*a* en *e*.

Précédant. — *Précédent.*
Résidant. *Résident.*

Devoirs : — I. *Le maître dicte 10, 15... participes présents. L'élève les emploie comme participes, ensuite comme adjectifs.* — II. *L'élève relève les participes et les adjectifs verbaux et rend compte de leur orthographe.*

Du Participe passé.

275. Le *Participe passé* exprime de lui-même une action accomplie, et reçue par l'être auquel il est ajouté.

Un travail *fini*. Des murs *détruits*. Une terre *cultivée*.

276. On peut employer le Participe passé de trois manières : seul, ou avec *être*, ou avec l'auxiliaire *avoir*.

Une heure *sonnée*. L'heure *a sonné*. L'heure *est sonnée*.

277. Le Participe passé employé seul s'accorde en genre et en nombre comme l'adjectif.

Des colonnes *brisées*, des bois *dispersés* jonchent la terre.

278. Le Participe passé employé avec *être* s'accorde avec le sujet (221.)

Abraham *est mort*; nos aïeux *sont morts*

279. Le Participe passé employé avec l'auxiliaire *avoir* s'accorde avec son complément direct, si ce complément direct est placé avant le participe; sinon il reste au masculin singulier, c'est-à-dire invariable.

Les lettres *que* vous *avez apportées* ont été lues devant nous.
Voici ta mère. — Je *l'ai vue* = j'ai vu *l'*; *l'* = *elle*.

280. Le Participe passé des verbes réfléchis s'accorde aussi avec le complément direct placé devant lui, puisque l'auxiliaire *être* est à la place de *avoir*.

Elles se sont *promenées* dans le parc = *elles ont promené* ELLES *ou* SE dans le parc.

DEVOIRS : — I. *L'élève emploie 10, 15... participes passés seuls.* — II. *Il relève ceux de sa leçon...* — Deux devoirs analogues pour chaque règle. — *Il conjugue le verbe* être *avec deux ou trois participes...* — Je suis soigné, vêtu et logé. Tu es soigné, vêtu et logé ; *ou* Je suis soignée, vêtue et logée...

Observations sur le Participe passé.

281. Le Participe passé du verbe *être* est toujours invariable.

Ces personnes ont *été* contentes.

282. Le Participe passé des verbes unipersonnels est invariable.

Il *est survenu* de grands embarras.

283. Le participe passé employé avec *avoir*, et suivi d'un infinitif, s'accorde avec le complément direct placé devant lui, si ce complément *fait l'action exprimée* par l'infinitif; sinon le participe reste invariable.

Les lièvres *que* j'ai *vus* courir... — J'ai vu EUX *courant*.
Les fleurs *que* j'ai *vu* cueillir... — J'ai vu *cueillir* ELLES.

284. Le participe passé *fait*, suivi d'un infinitif, est toujours invariable.

La tulipe qu'il a *fait planter* a fleuri.

285. Le participe passé reste invariable s'il a pour complément direct *le, l'* représentant un membre de phrase.

L'inondation cessa, comme il *l'avait* prévu; *l'* = *cela* = qu'*elle cesserait*.

286. Le pronom *en* est toujours complément indirect.

Avez-vous des oranges? — Nous *en* avons cueilli.

287. Les participes *dû*, *pu*, *voulu*, sont invariables si leur complément est un infinitif sous-entendu.

Il a dit toutes les railleries qu'il a voulu; qu'il a voulu *dire*.

288. Les participes *coûté*, *valu*, en parlant du prix, de la valeur d'une chose, restent invariables.

On a payé les six francs que cette corbeille *a coûté*.

289. *Le peu*, suivi d'un nom et d'un *que* relatif, précède quelquefois le participe. — Quand faut-il l'accord?

Le peu de valeur qu'il *a montré*...
Le peu de valeur qu'il *a montrée*...

Si *le peu* influe sur le jugement qu'on exprime, *que* remplace *le peu*, et le participe reste masculin singulier.

Le peu d'instruction *que* Paul *a reçu* le fait mépriser (*).

Si c'est le nom qui suit *le peu* qui influe sur le jugement qu'on exprime, *que* remplace ce *nom*, et le participe passé s'accorde avec ce dernier.

Le peu d'instruction *que* Paul *a reçue* lui a mérité cette place honorable (**).

290. Les participes *excepté*, *supposé*, *passé*, *y compris*, *non compris*, *attendu*, *vu*, employés seuls et placés avant le nom, restent invariables; placés après le nom, ils s'accordent.

Il vendra tout son bien, *y compris* la maison, la forêt *non comprise*. — Il visitera tout, *excepté* les vaisseaux de guerre.

Devoirs : — I. *L'élève fait des applications sur les trois premières observations.* — II. *Dictée spéciale sur le participe passé suivi d'un infinitif.* — III. *Relever les participes passés de la dictée ou de la leçon et expliquer les causes d'accord...* — IV. V. Devoirs analogues sur les autres observations. — VI. VII. VIII. *Le maître dicte des phrases avec le participe passé masculin, l'élève les traduit au féminin; puis au pluriel; puis du féminin au masculin, du pluriel au singulier, etc...* —IX. *Conjuguer, aux temps composés :* J'ai travaillé pour moi et pour mes parents; tu as travaillé pour toi et...

(*) Qu'est-ce qui le fait mépriser? *L'instruction*? — Non... *Le peu*? — Oui... *Reçu*, invariable.

(**) Qu'est-ce qui lui a mérité cette place? *L'instruction*?—Oui; donc : *reçue*.

DE LA PRÉPOSITION.

291. La **Préposition** est un mot invariable qui unit deux mots, le second complétant le premier.

Le fruit *de* l'arbre. Agir *avec* prudence. Lire *pour* apprendre

Les prépositions sont simples ou composées ; — ces dernières se nomment aussi *locutions prépositives*.

à, *de*, *en*, *pour*, *sans*, *devant*, *derrière*, *avant*, *vis-à-vis*, *de peur de*, *au devant de*, *par-dessus*, *jusqu'à*...

En général, la préposition et le mot qui suit forment un complément indirect.

Rapportez ces faits *à votre maître*.

Observations sur les Prépositions.

292. Les prépositions *à*, *dès*, *après*, *près de*, *auprès de*, *voilà*, sont marquées d'un accent grave (41.)

Il apprit *à* lire *dès* sa plus tendre enfance, *auprès de* sa mère.

293. La préposition *en* signifie *dans*; le pronom *en* signifie *de lui*, *d'elle*, *de cela*.

Nous en avons cueilli *en* Espagne.

294. On emploie *voici* pour appeler l'attention sur ce qu'on va dire, et *voilà* pour l'appeler sur ce qui vient d'être dit. — *Voilà* porte l'idée d'un plus grand éloignement que *voici*.

Le fer et la houille, voilà les minéraux les plus utiles.

Voici = *vois ici* ou *voyez ici*, voilà = *vois là* ou *voyez là*.

Voici vos plumes, et voilà vos livres; — *les livres* plus éloignés que *les plumes*

295. La préposition *près de* ne doit pas être confondue avec l'adjectif *prêt à* : *près de* signifie *sur le point de*; *prêt à* signifie *disposé à*.

Heureux celui qui étant *près de* mourir, se trouve aussi *prêt à* mourir.

296. *Parmi* s'emploie s'il y a idée de mélange.

Sa maison est bâtie *parmi* les arbres.

Entre s'emploie avec l'idée de séparation ou de comparaison.

La Ciotat est *entre* Toulon et Marseille. Marie est bénie *entre* toutes les femmes. — Partagez ces boules *entre* tous.

297. La préposition composée *à travers* veut *le* ou *un* après elle ; *au travers* veut *de* ou *des*.

A travers le champ. Au travers *de* ce chemin.

298. La préposition *quant à* prend un *t* et signifie *pour ce qui est de*.

Quant à vous, restez; vous ferez bien.

299. On répète les prépositions *à*, *de*, *en*, devant tous les compléments du même verbe.

On répète aussi, en général, les autres prépositions devant les compléments qui ont un sens tout différent.

Ce jeune homme a voyagé *en* Prusse, *en* Angleterre et *en* Suisse.
Soyez modeste dans vos paroles et *dans* vos regards.

300. Si on répète la préposition *sans* on place *et* devant la dernière.

Souvent, au lieu de répéter la préposition *sans*, on la remplace par *ni*.

Sans force, sans travail *et* sans fortune.
Sans terres *ni* château, sans argent *ni* crédit.

301. Les prépositions sont quelquefois sous-entendues.

Il veilla toute la nuit = *pendant* toute la nuit.

Devoirs : — I. *L'élève emploie 10, 15... prépositions unissant des noms.* — II. *10, 15... unissant des noms à des adjectifs* : utile à son pays. — III. *Des noms à des verbes* : regarder par-dessus l'épaule. — III. — *Des verbes entre eux* : venir pour travailler, etc... — IV, V. *Employer les prépositions comprises dans les observations, selon le sens...* — *Relever celles de la leçon, etc.*

DE L'ADVERBE.

302. L'**Adverbe** est un mot qui modifie un verbe, un adjectif ou un autre adverbe.

Les adverbes sont simples ou composés; ces derniers s'appellent aussi *locutions adverbiales*.

Il parle *mal*.
Jean est *fort* sage.
Il lit *bien* lentement.
Là, delà, où, peu, trop, loin, dehors, hier, très, aussi; de suite, plus tard, un jour, qui plus est...

Observations sur les Adverbes.

303. Les adverbes *là*, *déjà*, *deçà*, *delà*, *très*, *exprès*, *où*, prennent un accent grave sur la dernière voyelle (41.)

Je ne te quitte point : *où* tu iras, j'irai.
Son ouvrage est *déjà* fini.

304. L'adverbe *y* signifie *là*; le pronom *y* signifie *à lui*, *à elle*, *à celà*.

Allez en classe et restez-*y*. — J'*y* pense.

305. Les adverbes en *ment* prennent deux *m*, s'ils dérivent d'un adjectif en *ant* ou *ent*.

Agir prudemment. Parler constamment (*prudent, constant.*)

Les adverbes en *ment* qui viennent d'un adjectif non terminé par *ant* ou *ent* ne prennent qu'un *m*.

Crier vainement. Jouer honnêtement; (*vaine, honnête.*)

306. *Plus tôt* s'écrit en deux mots, si l'on veut exprimer l'opposé de plus tard. — Si l'on exprime une préférence, on écrit *plutôt* en un mot.

Nous arrivâmes *plus tôt* que vous. Cherchez à plaire à Dieu *plutôt* qu'aux hommes.

307. *De suite* s'emploie pour exprimer l'un après l'autre; — *tout de suite* signifie *tout à coup, sans hésitation.*

Les élèves sortiront de suite; ils doivent obéir tout de suite.

308. *Tout à coup* signifie *subitement, soudain*; — *tout d'un coup* signifie *tout à la fois, en une fois.*

Tout à coup un serpent sort du bois.— On tua deux lièvres tout d'un coup.

309. *Davantage, alentour, auparavant,* s'emploient sans complément; — avec complément on emploie *plus, autour, avant.* — (Ne pas confondre *davantage* = *plus,* sans apostrophe, avec le nom *avantage* = *profit.*)

Il est arrivé *auparavant* vous. *Dites: avant* vous.
On retire beaucoup *d'avantages* de la lecture.
Il en a *davantage.*

310. L'adverbe *peut-être* signifie *c'est possible*, et prend un trait-d'union. — *Peut être* verbe *pouvoir* et verbe *être*, signifient *peut exister, peut être vrai,* et ne prennent pas de trait d'union.

J'attends mon père, *peut-être* qu'il ne viendra pas. — Cela *peut être*, répond sa sœur.

311. *Ne... que* signifie *seulement.* — L'expression *que de* signifiant *combien,* est adverbe.

Julie *n'a que* sa grand'mère.
Que de jours mal passés!

312. L'adverbe *si* signifie *tant, tellement;* la conjonction *si* exprime une condition.

Jules est *si* bon! venez le voir *si* vous pouvez.

313. Devant les adjectifs et les adverbes on emploie *si* ou *aussi*, et devant les autres mots *tant* ou *autant*: — *aussi, autant,* s'il y a comparaison; — *si, tant,* s'il n'y a pas comparaison.

Bayard était *aussi* grand guerrier que bon chrétien; il redoutait de mourir dans son lit, *tant* il aimait la guerre.

314. Lorsque *le plus*, *le mieux*, *le moins* sont placés devant un qualificatif, le mot *le* varie s'il y a comparaison; on laisse *le* s'il n'y a pas comparaison.

Si ces mots *le plus*, *le mieux*, *le moins*, modifient un verbe, *le* reste invariable.

O Marie, *la* plus affligée de toutes les mères.

Ma sœur souriait, bien qu'elle fût *le* plus affligée possible.

Noël est la fête qu'on aime *le* plus.

315. *Oui* et *non* sont deux adverbes : le premier est affirmatif, le second est négatif.— Chacun d'eux vaut une phrase.

Avez-vous vu le prince? — Oui. — Oui = j'ai vu le prince.

DEVOIRS : — I. *L'élève emploie 5, 10... adverbes modifiant des verbes.* — II. *Modifiant des adjectifs.* — *Quelques-uns modifiant des adverbes.* — III, IV. *Employer ceux compris dans les observations.* – *Les relever de la dictée ou de la leçon.* — *Prendre 10, 20... adjectifs et former les adverbes correspondants :* Propre, proprement... — *Et réciproquement :* prudemment, prudent; doucement, doux... — *Donner 10, 20... noms, l'élève forme les adjectifs et les adverbes qui viennent de chacun d'eux :* MORALITÉ, moral, moralement; LETTRE, littéral, littéralement...

La Négation.

316. *Ne, ne pas, ne point,* sont trois adverbes de négation; le dernier est le plus fort.

Cet enfant *ne* remplit *pas* ses devoirs.

317. Le verbe se place entre *ne* et *pas,* entre *ne* et *point.* — Si le temps est composé on ne place que l'auxiliaire entre *ne* et *pas*...

Sa maison *ne* vaut *pas* mille francs.

Les fruits *n*'ont *point* muri.

318. On peut remplacer *pas et point* par *ni*, s'il survient un terme négatif semblable et lié aussi par *ni*.

On *ne* parlera *pas* au maître ni à l'élève *ou :* on *ne* parlera *ni* au maître *ni* à l'élève.

319. L'adverbe *ne* s'emploie seul si dans la proposition se trouve un mot restrictif, comme *nul, jamais, personne, aucun, ni, guère, goutte, rien*...

On *ne* peut *rien* voir d'aussi beau.

Je *n*'entends *personne.*

320. *Douter, nier, désespérer, disconvenir*, doivent s'employer entre deux négations ou sans négation.

Il *ne* nie *pas* que la terre *ne* tourne.

Il nie que la terre tourne.

321. *Autre, autrement, plus, mieux, moins*, veulent la négation devant le verbe suivant, si le terme qui précède ces mots n'en renferme pas. (*L'idée n'est pas pour cela la même.*)

Il parle plus qu'il *n'*écoute.
Il *ne* parle pas plus qu'il écoute.

322. Le verbe *défendre* et les expressions *avant que, sans que,* rejettent la négation.

Travaillez sans qu'on vous le dise. Défendez qu'il sorte.

323. *Craindre, avoir peur, trembler, de peur que, à moins que, de crainte que, prendre garde*, prennent *ne* ou *ne pas* : — *ne*, si l'on ne désire pas l'accomplissement de l'action exprimée par le second verbe; *ne pas,* si l'on désire que l'action s'accomplisse.

Terminez vite votre devoir, de peur que votre maître *ne vienne*.
J'attends ma mère depuis une heure, je crains qu'elle *ne vienne pas*.

324. *Empêcher* veut *ne* devant le verbe qui suit, pourvu que ce dernier ne soit pas à l'infinitif.

Empêchez qu'il *ne* vienne. — Empêchez-le de venir.

Dictées répétées sur l'emploi de la négation.

DE LA CONJONCTION.

325. La **Conjonction** est un mot invariable qui unit deux propositions. — (La proposition se compose, au moins, d'un sujet, d'un verbe et d'un attribut, exprimés ou sous-entendus.) [187].

Moïse avait quarante ans *lorsqu'*il quitta l'Egypte.
Il chante *comme* vous. — *Chantez*, sous-entendu.

Les conjonctions sont simples ou composées; ces dernières se nomment encore *locutions conjonctives*.

Et, ni, que, si, car, ou, lorsque, quand; afin que, pourvu que, de même que, aussi bien que...

326. Les conjonctions *et, ni, ou,* unissent souvent des mots de même nature (*) pour en faire un sujet composé, ou un attribut composé, ou bien un complément composé.

Le soldat est bon *et* généreux.
Bordeaux *et* Nantes sont deux villes fort agréables.

(*) *Et, ni, ou,* ne peuvent unir que des mots de même espèce. On ne peut donc dire : *Marie n'aime pas à se promener* NI *le chant*; on doit dire : *Marie n'aime pas à se promener ni à chanter;* ou bien : *Marie n'aime pas la promenade ni le chant.*

Observations sur les Conjonctions.

327. La conjonction *et* se place entre deux membres de phrase avec une idée d'*addition*. — S'il y a plus de deux propositions on ne place *et* que devant la dernière.

On supprime *et* lorsque les deux membres de phrase commencent par *plus, moins, autant*.

Aime Dieu *et* observe ses lois. J'irai en Egypte, je verrai mon fils, *et* je mourrai content. Plus on a, plus on désire. — Autant il en voit, autant il en veut.

328. Si le premier membre de phrase renferme une négation, les autres s'unissent par *ni*. (*Ni* = *et... pas* ou *et... point*.)

Je ne désire point partir *ni* ne veux que vous partiez.

329. On est libre de répéter la conjonction *soit* ou de la remplacer par *ou*.

Soit qu'il entre, soit qu'il sorte. Soit qu'il entre *ou* qu'il sorte.

330. La conjonction *parce que* signifie *attendu que*, et s'écrit en deux mots; — *par ce que*, en trois mots, signifie *par la chose que*, *par les choses que*.

Evitons la colère, *parce qu'*elle nous fait mépriser. Jugez, *par ce* que vous voyez, de la puissance de Dieu.

331. *Quoique*, conjonction, signifie *bien que* et s'écrit en un mot : (*quoique* doit remplacer *malgré que*.) — *Quoi que*, en deux mots, signifie *quelque chose que*.

Aimez *le* travail *quoique* vous soyez riche, et *quoi que* vos camarades puissent dire.

332. La conjonction *ou* s'écrit sans accent; (*de deux choses l'une*.)

Récitez votre leçon *ou* écrivez.

333. *Quand*, conjonction, signifie *lorsque*, *à quelle époque*, et se termine par un *d*.

Ne reste pas oisif *quand* le soleil éclaire ta demeure.

334. Dans les comparaisons on doit employer la conjonction *que* et non la conjonction *comme*.

Il sait autant *que* vous. Socrate fut aussi savant *que* sage.

335. L'usage permet de remplacer quelquefois *si, quand, lorsque, comme, afin que*, par la conjonction *que*.

Approchez, *que* je vous touche, dit Isaac; *que* = *afin que*.

336. *Que de*, est quelquefois un *gallicisme*, c'est-à-dire une façon de parler propre à la langue française. — On le reconnaît en ce qu'on peut supprimer *que*, sans troubler la phrase.

C'est bien *que de* savoir se contenter de sa position = c'est bien *de* savoir se contenter...

DEVOIRS : — I. *Le maître dicte 2, 3... propositions, l'élève les lie par les conjonctions exigées par le sens.* — II, III... — *L'élève emploie 5, 10... conjonctions... explique l'emploi qu'il en a fait.* — *Il relève celles de la leçon en indiquant les propositions qu'elles unissent...*

DE L'INTERJECTION.

337. Les **Interjections** sont des mots invariables qui expriment, d'une manière très-abrégée, les sensations vives ou subites de notre âme.

Hélas! que de peines nous éprouvons = *Je dis avec douleur :* nous éprouvons que de peines.

Les interjections sont simples ou composées ; celles-ci se nomment aussi *locutions interjectives.* — Les interjections et toute locution interjective sont suivies du point d'exclamation (62.)

Ah! ha! oh! eh! bah! chut! aïe! hélas! holà! hé bien! halte-là! allons donc! du courage! juste ciel!

338. Chaque interjection vaut à elle seule une proposition complète.

Chut! = taisez-vous
Aïe! = je souffre.

Observations sur les Interjections.

339. *O, ô*, seul, se met devant les mots en apostrophe, et prend l'accent circonflexe.

N'oublie jamais, ô mon fils, les caresses de ta mère.

Ah! exprime la joie ou la douleur. — Ah! quel bonheur!

Ha! oh! ho! expriment la surprise. — Oh! je le croyais.

Eh! hélas! aïe! expriment la douleur. — Eh! quelle perte...

Hé! hola! zst! servent pour appeler. — Hé! où allez-vous?

Hé! hé bien! servent pour interroger. — Hé bien!.. répondez.

Bah! fi! fi donc! expriment l'indifférence, le dédain. — Bah! je crains fort peu ses menaces.

Paix, chut, pour inviter à se taire. — Paix! enfants, jouez.

Halte! halte-là! pour inviter à s'arrêter. — Halte! asseyez-vous.

DE LA CONSTRUCTION DES PHRASES.

340. L'emploi naturel des mots pour former une phrase, consiste à énoncer d'abord le sujet avec ses compléments, puis le verbe (*être*), enfin l'attribut avec ses compléments.

Les mots en apostrophe ne sont ni sujets ni compléments.

Tobie, plein de douceur, ÉTAIT *attentif* aux moindres conseils de l'ange(*).

Le *berger* VEILLE sur son troupeau.

Mon père, pardonnez-leur, car ils ne savent ce qu'ils font.

341. Les termes explicatifs d'un mot doivent trouver place après ce mot ou son complément, s'il en a, en évitant toute équivoque.

Les termes explicatifs peuvent aussi commencer la phrase.

Les habitants, *blessés de cet outrage*, menacèrent de se révolter.

Blessés de cet outrage, les habitants menacèrent...

342. Dans l'emploi des compléments il faut bien observer de donner à chaque mot celui qui lui convient, et de le lier, s'il y a lieu, avec la préposition exigée par le sens.

Travailler *avec* joie.

Patients *dans* nos peines.

Entre *dans* l'école et sors-*en* bientôt.

343. Si le verbe a deux compléments de différente espèce, le complément direct se place le premier.

Le vrai chrétien supporte *le malheur* avec résignation.

344. On place le complément indirect avant le complément direct : 1° s'il est bien plus court ; 2° s'il y a lieu d'éviter une équivoque.

La terre rend *en fruits* tous les engrais et toutes nos sueurs.

345. On peut déroger à la construction naturelle ou grammaticale des phrases de quatre manières : par *pléonasme*, par *ellipse*, par *inversion* et par *syllepse*.

Je l'ai trouvé, *moi*.

Venez avec nous.

Avant d'entrer, paie.

Une foule de personnes *sont* entrées.

346. Le *pléonasme* consiste dans l'emploi de mots inutiles au sens de la phrase. — Le pléonasme est permis, s'il ajoute plus de vivacité à l'expression de la pensée; il est vicieux, s'il ne présente qu'une vaine surabondance de mots.

Inutile que vous vous défendiez, je vous ai vu, *oui, vu de mes propres yeux*.

Il faut s'aider les uns les autres *mutuellement; — mutuellement* est de trop.

(*) On se rappelle que les verbes attributifs renferment le verbe (*être*) et l'*attribut;* VEILLE = *est veillant*.

347. L'*ellipse* consiste dans l'omission de quelqu'une des parties nécessaires à la proposition ou à la phrase. — On dit alors que ces parties sont sous-entendues.

L'ellipse est permise pourvu qu'elle n'offre ni obscurité ni équivoque.

Joseph est fort instruit quoique bien jeune = quoique *il soit* bien jeune.

Avez-vous lu le récit de cette bataille? — Pas encore. *Pas encore* = *je n'ai pas encore lu...*

348. L'*inversion* consiste à changer l'ordre grammatical des parties de la proposition.

L'inversion ne doit présenter aucune équivoque.

L'infanterie s'avançait silencieuse ; venait ensuite la cavalerie ; restaient encore trois forts bataillons... = la cavalerie venait...

349. La *syllepse* consiste à faire accorder un mot avec celui qui exprime l'objet principal de la pensée, et non avec celui auquel il se rapporte d'après les règles de la grammaire.

Une foule de pauvres se *présentent*, et la reine les reçoit avec bonheur. — Il faudrait : *se présente*, *des pauvres* étant le complément du sujet *foule*.

Devoirs : — I. *Le maître dicte, l'élève rend compte des termes explicatifs, des inversions, des ellipses... et explique la ponctuation.* — II. Devoirs analogues sur la leçon... — III. *L'élève fait usage de quelqu'une des figures précédentes.*

DES SYNONYMES.

350. On appelle *synonymes* des mots qui ont entre eux, à peu près, la même signification.

Les synonymes permettent d'exprimer les mêmes idées sans employer les mêmes mots, ce qui rend le discours plus agréable.

Exemples de quelques Synonymes.

Douleur, souffrance, affliction, peine.
Satisfaire, acquitter, payer, se libérer
Laborieux, diligent, vaillant, actif.
Instruit, éclairé, savant.
Maintenant, en ce moment, à présent.

Recevoir, accepter, prendre, agréer.
Obscur, équivoque, embrouillé.
Abhorrer, détester, avoir en horreur
Instituteur, professeur, précepteur.
Etc., etc.

Devoirs : — I. *Le maître dicte quelques mots, l'élève écrit leurs synonymes.* — II. III. *Le maître indique dans la dictée ou la leçon 10, 15... mots à remplacer par des synonymes.*

DES HOMONYMES.

351. Les mots qui ont la même prononciation, sans avoir le même sens ou la même orthographe, sont appelés *homonymes*.

Principaux Homonymes français.

Abbé, *ecclésiastique;* abée, *ouverture d'un biez;* la baie, *golfe.*
Acre, *anc. mesure de surface;* âcre, *piquant, rude au goût.*
Aile, *d'oiseau, de moulin;* elle, *pron.*
Aire, ère, hère, haire.
Amande, *fruit;* amende, *peine.*
Amas, *masse;* hamac, *lit suspendu.*
An, *année;* en, *dans.*
Ancre, *de vaisseau;* encre, *liquide.*
Anoblir, *faire noble;* ennoblir.
Antre, *caverne;* entre, *au milieu de.*
Apprêt, *préparatif;* après, *ensuite.*
Arc, *partie du cercle;* art, *science.*
Auspice, *présage;* hospice, *hôpital.*
Autel, *table des sacrifices;* hôtel.
Auteur, *inventeur;* hauteur, *élévat.*
Avant, *devant;* avent, *temps av. Noel*
Balai, *pour nettoyer;* ballet, *danse*
Balle, *pelote, gros paquet;* Bâle, *ville*
Biais, *oblique;* biez, *conduit pour l'eau qui fait tourner la meule.*
Bon, *obligeant;* bond, *saut.*
Boue; bout; *le pot* boût.
Brou, *écale des noix;* broût, *taillis.*
Bute, *outil;* butte, *éminence;* il bute.
Camp, Caen, quand, quant, qu'en.
Cane, *volaille;* canne, *bâton.*
Carte, *carton;* quarte, *fièvre quarte.*
Cession, *abandon;* session, *réunion.*
Chaîne, *lien;* chêne, *arbre.*
Chair, cher; Cher, *rivière...*
Champ, *terre;* chant, *sons de voix.*
Chaos, *confusion;* cahot, *saut.*
Chlore, *gaz;* clore, *fermer.*
Claie, clé *ou* clef.
Clair, *éclatant;* clerc, *de notaire...*
Clause, *condition;* close, *fermée.*
Cœur, *organe;* chœur, *sanctuaire.*
Coin, *angle, outil;* coing, *fruit.*
Compte, comte, conte.
Cor, *instrument;* corps, *substance.*
Cote, côte, cotte, quote-*part.*
Cou, coup, coût, *il* coud.
Cour, court, cours.
Cru, *terroir;* cru, *non cuit;* crû.
Dans, dent, d'en.
Danse, *amusement;* dense, *compacte*
Date, *époque fixe;* datte *fruit.*
Dé, des, dès, dais, dey.
Décéler, desceller, desseller.
Dessein, *projet;* dessin, *plan...*
Différent, différend, différant.
Doigt, *je* dois, *il* doit.
Donc, don, dont; Don, *fleuve.*
Doux, *agréable;* d'où, *de quel lieu.*
Du, dû, due, *je* dus, *il* dut.
Echo, *son réfléchi;* écot, *dépense.*
Et, hé, eh, ais, haie, *je* hais.
Etai, été, *tu* étais, *il* était.
Etaim, étain, éteint.
Etang, *petit lac;* étant, *particip. pr.*
Exaucer, *accorder;* exhausser, *élev.*
Faim, fin, feint.
Fait, faix, fée, *je* fais.
Faîte, *sommet;* fête, *jour de repos.*
Faux, *instrument;* faux, *non vrai.*
Fausse, *non vraie;* fosse, *creux.*
Foi, foie, fouet, *une* fois; Foix, *ville.*
Fond, fonds, fonts, *ils* font.
Fossé, fausset, fausser.
Frais, *un peu froid;* frais, *dépense...* fret, *louage d'un navire;* frai.
Gai, gué, guet.
Gens, Jean, j'en.
Grâce, *faveur,* grasse, *graisseuse.*
Graisse, *corps onctueux;* Grèce, *pays*
Grammaire, grand'mère.
Gril, *ustensile;* gris, *blanc sombre.*
Haleine, *air aspiré;* alène, *outil.*
Halle, *place;* hâle, *air qui flétrit.*
Hanter, *fréquenter;* enter, *greffer.*
Haute, *élevée;* hôte; hotte, *panier.*
Héros, héraut; Hérault, *fleuve.*

Heure, 60 *minutes*; Eure, *rivière*.
Jetée, *digue*; jeter, *lancer*.
Jeune, *peu âgé*; jeûne, *abstinence*.
Lait, lé, les, laid, lai, laie, legs.
Lice, *lieu pour les joûtes*; lice, *femelle du lévrier*; lisse, *uni, poli*.
Lieu, *endroit...*; lieue, *mesure*.
Livrée, livret, livrer, l'ivraie.
Luth, *instrument*; lut, *enduit*; *il* lut
Mai, mais, mes, mets, Metz.
Maire, *magistrat*; mère, *qui a un enfant*.
Maître, mètre, mettre.
Mâle, *du masculin*; malle, *coffre*.
Mat, *sans lustre*; mât, *pièce de bois*.
Matin, *de bonne heure*; mâtin, *chien*.
Menthe, mante; Mantes, *ville*.
Mi, *note de musique*; mie, mis, *il* mit
Mois, 30 *jours*; moi, *pronom*.
Môle, *jetée de pierre*; molle.
Mon, mont, m'ont.
Mort, mors, *tu* mords, *il* mord.
Mou, moue, moût, *il* moud.
Moule, *mollusque*; moule, *instrum.*
Mur, *muraille*; mûr, *à maturité*.
Ni, nid, n'y, *il* nie.
Ne, *négation*; nœud, *enlacement*.
Noix, *fruit*; *il se* noie.
Nom, *de personne..*; non, *opp. à oui*
O, ô, ho! oh! au, eau, haut, aulx.
Ou, où, houe, heux, août.
Or, *métal*; or, *conj.*; hors, *au delà*.
Paie, *salaire*; paix, *tranquillité*.
Paire, *deux*; père, *qui a un enfant*.
Pain, pin, peint, *je* peins.
Palais, *maison de roi*; palet, *pierre*.
Pale, *plat de la rame*; pâle, *décoloré*
Pan, *partie d'habit*;.. paon, *oiseau*.
Panais, panée, paner.
Panne, *pièce d'un toit*; panne, *graisse intérieure du cochon*; panne, *arrêt*; panne, *étoffe*.
Panneau; paonneau, *jeune paon*.
Panser, penser, pensée.
Par, part, parc, *je* pars.
Peau, pot; Pau, *ville*; Pô, *fleuve*.
Peine, pêne, penne; Penne, *ville*.
Plaine, *pays plat*; pleine, *remplie*.
Plan, *dessin*; plant, *jeune tige*.
Pomme, *fruit*; paume, *de la main*.
Poids, pois, poix.
Point, *signe..*; poing, *main fermée*.

Pou, *insecte*; pouls, *battement*.
Pré, *prairie*; près *de*; prêt *à*.
Prix, *récompense*; *il* prie, *il* prit.
Puits, *trou profond*; puis, *ensuite*.
Quart, car, quartz.
Que, *pron., conj. ou adv.*; queue.
Quoi, *pronom*; coi, *tranquille*.
Raie, rais, ré, rets, rez.
Raisonner; résonner, *réfléchir le son*
Rangé, *soigneux*; rangée, *file*; ranger
Reine, rêne, renne; Rennes, *ville*.
Ris, *le rire*; riz, *céréale*, ris *de veau*.
Rot, *vent de l'estomac*; rôt, *rôti*.
Roue, *de voiture*; roux, *presq. jaune*
Sa, *adj. posses.*; ça, *cela*; sas, *tamis*
Sang, sans, sens, cent, c'en, s'en.
Sain, saint, sein, ceint, cinq, seing.
Saine, scène, cène, senne, Seine.
Sale, *malpropre*; salle, *grand local*.
Saule, *arbre*; sole, *poisson*.
Saut, sceau, seau, sot; Sceaux, *ville*.
Se, ce, cet, ceux.
Selle, celle, *il* scelle, *il* cèle.
Sep, *de charrue*; cep, *pied de vigne*.
Sept, 7 *fois* 1; c'est, *cela est*; Seth.
Serf, *esclave*; cerf, *quadrupède*.
Si, six, sis, scie; Cis, *père de Saül*.
Signe, *marque*; cigne, *oiseau*.
Soi, *pron.*; soie, *fil d'un ver*; soit.
Sou, sous, soûl.
Soufre, *corps jaune*; *je* souffre.
Statue, *image en relief*; statut, *loi*.
Ta, *adj. possessif*; tas, *amas*.
Tac, *maladie*; tact, *sens du toucher*.
Tache, *souillure*; tâche, *ouvrage*.
Tacher, *salir*; tâcher, *s'efforcer*.
Taie, thé, têt, tes, *il se* tait.
Tan, tant, temps, *il* tend, *je* tends.
Tante, *sœur du père..*; tente, *cabane*
Tard, *opposé de tôt*; Tarn, *rivière*.
Taré, *gâté*; Tharé, *père d'Abraham*.
Teint, thim, tain, *je* tins, *il* tint.
Toi, *tu*; toit, *couvert de la maison*.
Ton, thon, taon, *tu* tonds, *il* tond.
Tort, *injustice*; tors, *tordu*; tore.
Trait, *dard, ligne*; très, *beaucoup*.
Tribu, *famille...*; tribut, *impôt...*
Trop, *plus qu'il ne faut*; trot.
Trois, Troie, Troies.
Umble, *poisson*; humble.
Un, *unité*; Huns, *peuplade*.
Valet, *serviteur*; vallée, *vallon*.

Van, vent, *il* vend.
Vain, vin, vingt, *je* vins.
Vaine, *inutile*; veine, *canal.*
Veau, vos, *il* vaut; Vaud, *canton.*
Ver, vert, vers; vers, *rimes.*
Verset, *alinéa*; verser, *répandre...*

Verso, *revers*; verseau, *constellat.*
Vile, *méprisable*; ville, *cité, bourg.*
Voie, *route*; voix, *parole*; *il* voit.
Volée, volet, voler.
Zeste, *cloison de la noix*; *entre le zist et le* zest, *ni bien ni mal.*

DEVOIRS : — I. *Dans la dictée, le maître fait entrer sciemment plusieurs homonymes.* — II. III. IV... *L'élève donne les diverses significations de 5, 10... homonymes.* — V. *L'élève emploie 5, 10... homonymes donnés.* — VI. *L'élève écrit les homonymes de certains mots indiqués par le maître.*

LETTRE ALPHABÉTIQUE.

352. L'Alphabet se compose des lettres suivantes, ainsi classées :

A B C D E F G H I J K L M N O P Q R S T U V X Y Z.

353. Ecrire des mots par *lettre alphabétique*, c'est les placer l'un après l'autre, de manière que celui qui commence par A ou par une lettre plus près de A, se trouve devant les autres.

Abricotier.
Cerisier.
Mûrier.
Noisetier.
Pommier.

Si deux mots commencent par la même lettre, on place premier celui dont la seconde lettre est plus près de A.

Cahier.
Courage.
Cruel.

Si les deux premières lettres sont les mêmes, on consulte la 3me; si les trois premières sont les mêmes, on consulte la 4me, puis la 5me, la 6me, etc.

Modèle.
Moisson.
Moitié.
Montagnard.
Montagne.

Enfin, si toutes les lettres d'un mot sont comprises dans un autre, le plus court se place premier.

Plaisant.
Plaisanter.
Plaisanterie.

C'est cette disposition des mots qui facilite les recherches à faire dans un dictionnaire, dans un état, une liste, une table de matières, etc.

DEVOIRS : — *Donner à copier, par lettre alphabétique, les saints d'un mois, tous les mots de l'Acte de foi, etc.*

Initiales.

354. On appelle *initiale* d'un mot la première lettre de ce mot.

Les initiales doivent être majuscules si on les emploie seules ; — et, à cause de l'abréviation, on les fait suivre d'un point (356.)

Les initiales du nom d'une personne s'emploient principalement pour marquer les objets de commerce..., son linge et autres effets, etc.

L. J. P. *sont les initiales de* Louis, Jules, Pierre.

I.N.R.I. ou J.N.R.J. Jésus *de* Nazareth Roi *des* Juifs.

C. N. et Cie. Cubaynes Neveu et compagnie.

ABRÉVIATIONS.

355. *Abréger un mot*, c'est n'écrire que l'initiale ou les premières lettres de ce mot.

L'abréviation doit se faire depuis une voyelle (*y comprise*) jusqu'à la fin du mot.

M. = Monsieur.
Prem^{re}. = première.

Propriétaire *s'abrège :* Propriét., prop., pr.

356. Toutes les fois qu'on abrége un mot on met un point à la place des lettres retranchées.

Paris est la cap. de la France et le ch.-l. du dép^{t}. de la Seine.

357. Ordinairement, et surtout lorsque c'est utile pour l'intelligence du mot abrégé, on ajoute en petites lettres *supérieures* la terminaison de ce mot.

Mme. = Madame.
M^{d}. = Marchand.
Dép^{t}. = département.
2me. = Deuxième.

358. Abréviations les plus en usage.

Le T.-H.	*égale*	le Très-Haut, Dieu.
J.-C.	—	Jésus-Christ.
N. S.	—	Notre Seigneur.
M.	—	Marie.
J. M. J.	—	Jésus, Marie, Joseph
S. ou S^{t}.	—	Saint.
S^{te}.	—	Sainte.
S. S.	—	Sa Sainteté (*le Pape.*)
S. M.	—	Sa Majesté (*l'Empereur, le roi.*
LL. MM.	—	leurs Majestés (*l'Empereur et l'Impératrice; le Roi et la Reine.*
S. A. I.	*égale*	Son Altesse impériale (*prince impérial.*)
S. A. R.	—	Son Altesse royale (*prince royal.*)
Mgr.	—	Monseigneur.
NN. SS.	—	Nos seigneurs.
M. ou M^{r}.	—	Monsieur.
MM.	—	Messieurs.
Mme.	—	Madame.
Mlle.	—	Mademoiselle.
M^{e}.	—	Maître (*pour les notaires, avoués, avocats.*)
S^{r}., le s^{r}.	—	Sieur, le sieur.

N^a.	*égale*	Nota (*note au bas d'un écrit.*)	8bre.	*égale*	Octobre.
P.-S.	—	Post-scriptum.	9bre.	—	Novembre.
Id.	—	Idem (*même chose.*)	X^{bre}.	—	Décembre.
d^o.	—	Dito (*chose susdite.*)	M. mèt.	—	Mètre.
Ex.	—	Exemple.	mm.	—	Millimètre.
C.-à-d.	—	C'est-à-dire.	M.c.	—	Mètre carré.
Cie.	—	Compagnie.	M.cb.	—	Mètre cube.
A^{ces}. G^{les}.	—	Assurances générales	D.cb.	—	décimètre cube.
§	—	Paragraphe.	H. a. c.	—	Hectare, are, centiare
N^o	—	Numéro.	St.	—	Stère.
1er.	—	Premier.	F. ou fr.	—	Franc.
2^e	—	Deuxième.	Kilog. gr.	—	Kilogramme, gramme
20e.	—	vingtième.	L. lit.	—	Litre.
1°.	—	Premièrement.	$Dép^t$.	—	Département.
2°.	—	Deuxièmement.	T.-et-G^{ne}.	—	Tarn-et-Garonne.
15°.	—	Quinzièmement.	Etc.	—	Et cœtera, et les autres.
7bre.	—	Septembre.	A. S.-I.	—	Ainsi soit-il.

DEVOIRS : — I. *Le maître dicte, et les enfants écrivent en abrégeant les mots.* — II. *L'élève écrit 10, 15... mots abrégés de diverses manières.*

---

359. NOTES A CONSULTER.

Aider *quelqu'un*, seconder de ses conseils, de son argent.

Aider à quelqu'un, partager ses fatigues, son travail.

Cette femme est pauvre, aidez-*la* dans sa misère, et aidez-*lui* à cultiver son petit jardin.

A la campagne, ne pas être en ville.

En campagne, sortir pour affaires; armée qui guerroie.

Les élèves du collége sont *à la campagne.* — Quatre régiments sont *en campagne.* — Ce négociant est *en campagne.*

Aller, peut être exprimé aux temps composés par *avoir été* et *être allé :*

Il *aura été* à l'église.
Il *sera allé* à l'église.

Avoir été, lorsqu'on est revenu du lieu.

Notre régiment *a été* deux fois à Rome; (*il n'y est plus.*)

Etre allé, lorsqu'on n'est pas revenu du lieu. — Dans les temps simples on ne peut employer *être* pour *aller.*

Notre bataillon *est allé* à Rome; (*il y est.*)

J'*allai*, hier, à Melun; *et non* : je *fus* hier à Melun.

Anoblir, donner des lettres de noblesse.

Maret (Hugues) fut *anobli* par Napoléon Ier, en 1811.

Ennoblir, rendre plus distingué, plus digne.

La charité *ennoblit* celui qui la pratique.

Amnistie, pardon à des sujets rebelles ou coupables. — (Elle est générale, collective ou particulière.)

A son retour, le Pape accorda une *amnistie* générale aux révoltés.

Armistice, suspendre le combat.

Les deux armées conclurent une *armistice* de deux heures.

A terre, si l'objet ne touche pas la terre.

Les fruits sont tombés *à terre*.

Par terre, si l'objet touche la terre.

Si vous coupez les racines, l'arbre tombera *par terre*.

Atteindre à, si l'on emploie des efforts physiques ou corporels.

Jules a atteint *au* plafond en s'élevant sur la pointe des pieds.

Atteindre le ou *un*, qui vient naturellement; parvenir.

Paul atteindra sa quinzième année lundi prochain.

Avoir l'air *bon, et toute autre bonne qualité*, se dit des personnes (l'adjectif invariable.)

Notre institutrice *a l'air bon*, bien qu'elle ne manque pas de sévérité:

Avoir l'air d'être bon... se dit des choses (l'adjectif s'accorde.) — Il est bien de le dire aussi des personnes.

Ces pommes *ont l'air d'être bonnes*.

Ces enfants (filles) *ont l'air d'être* bien *obéissantes*.

Avoir, être simplement le propriétaire.

Les locataires de la maison que nous *avons* sur la place, sont fort contents.

Posséder, être possesseur, et libre de disposer sans entraves.

Je vous vends la maison que je *possède*, vous pouvez l'habiter demain.

360. Calomnier, attaquer la réputation du prochain par des faussetés.

Médire, révéler une faute.

***Médire* est un grand mal; la *calomnie* est affreuse, et dégrade celui qui ose *calomnier*.**

Capable, avec idee de contenance, ne se dit que des choses.

Cette chambre est *capable* de recevoir vingt lits.

Capable, dans tout autre cas, se dit des personnes et des choses.

Ce cheval est *capable* de porter ce fardeau.

Susceptible, qui peut recevoir des modifications, des impressions. — *Personne susceptible*, qu'on fâche facilement.

Cette personne est *capable*, mais elle est fort *susceptible*. — Ce local est *susceptible* d'amélioration.

Ce qui plaît, ce qui est agréable à la majorité.

Un enfant docile ne fait jamais que *ce qui plaît*.

Ce qu'il plaît, ce que l'on veut, agréable ou non.

Un enfant gâté ne fait ordinairement que *ce qu'il lui plaît*.

Colorer, donner de la couleur, vanter une chose.

Ce vin est très *coloré*. — Ne *colorez* pas votre discours, vous êtes jugé.

Colorier, appliquer avec ordre des couleurs sur un dessin.

Ces cartes sont *coloriées* avec beaucoup de soin.

Commencer à, pour croître ensuite.	Les feuilles du chêne *commencent à* pousser.
Commencer de, pour avoir de la durée.	Le maire a déjà *commencé d'*administrer.
Commencer par, indiquer quelle chose sera la première.	*Commence par* lire, tu joueras après.
Consumer, détruire par le temps, le feu, le mal.	Tâchez d'égayer cette étrangère; l'ennui la *consume*.
Consommer, anéantir pour les besoins de la vie.	Cette famille *consomme* 25 hectolitres de blé par an.
Consommer, accomplir, finir.	Tout est *consommé*. Dernière parole de Jésus-Christ.
Continuer à, ne pas suspendre un travail commencé.	Si vous le permettez, je vais *continuer à* écrire.
Continuer de, répéter la même action par habitude.	Victor sera malheureux s'il *continue de* fréquenter les maisons de jeu
Convenir avec *avoir*, signifie plaire.	Ce jardin *m'a convenu* et nous *sommes convenus* du prix.
Convenir avec *être*, être d'accord.	
361. Demeurer, en parlant de domicile, ne peut être remplacé par *rester*.	Le général *demeure* rue Saint-Bernard, 18. — ***Et non :*** Le général *reste* rue Saint-Bernard, 18.
Dans toute autre acception, *demeurer* = rester.	Moïse *resta* ou *demeura* 40 jours sur le mont Sinaï.
Digne avec négation, et *indigne*, ne se disent que du bien.	Il *n'*est pas *digne* d'éloges. Il est *indigne* de cette faveur.
Dîner *de, déjeûner de,* si un nom de chose suit.	Mon père *déjeûna de* pommes de terre frites.
Dîner avec, déjeûner avec, si un nom de personne suit.	J'ai eu le plaisir de *dîner avec* votre frère.
Deuxième, s'emploie s'il y a un troisième.	Il a lu le *deuxième* volume (il y en a d'autres) *ou*
Second, s'emploie dans tous les cas.	Il a lu le *second* volume.
D'où, exprime une idée de sortie.	La ville *d'où* tu viens est mal pavée.
Dont s'emploie : 1° s'il n'y a pas idée de sortie; 2° s'il y a idée de naissance, de génération.	L'arbre *dont* tu parles a 20 ans. Le souvenir de la famille *dont* il descend devrait le faire rentrer en lui-même.
Durant embrasse tout le temps.	Le rossignol se tait *durant* l'hiver.
Pendant, dans l'une des parties du temps.	Cet enfant a étudié *pendant* la classe.
362. Envier, se dit des choses.	N'*enviez* pas le bien d'autrui.
Porter envie, se dit des personnes.	Ne *porte* jamais *envie* à tes frères.
A l'envi, locution adverbiale, rejette l'*e* muet.	Travaillons tous *à l'envi* les uns des autres.

Espérer, *Promettre,* *Compter,* veulent le verbe qui suit au futur.

Je vous *promets* que ce travail *sera* prêt. — *Comptez* qu'il *est* prêt, serait une faute; dire : *croyez* qu'il est prêt.

Expirer, avec *être*, se dit des choses.

Votre passeport *est expiré* depuis huit jours.

Expirer avec *avoir*, se dit des personnes.

Le pasteur *a expiré* à cinq heures du matin.

363. ***Ne* faire** *que*, à tous moments.

Ma sœur *ne fait que* parler.

Ne faire que de, si l'on vient de....

M. le juge est-il absent depuis longtemps?— Il *ne fait que de* sortir.

Fixer, signifie *attacher*, *arrêter*. — Ne pas l'employer dans le sens de regarder.

Fixez ce liteau à la porte. — *Fixez* le ciel, serait une faute; dire : *Fixez* vos regards vers le ciel, *ou* regardez le ciel.

364. Imiter *un exemple*, parlant d'un modèle de dessin, d'écriture.

L'enfant studieux *imite l'exemple* qu'on met sous ses yeux, et *il suit* les *bons exemples* que lui donnent ses parents.

Suivre l'exemple, dans tous les autres cas.

Imminent (*danger*), très-grand, sans espoir de salut.

Le vaisseau ayant sombré, les matelots se trouvèrent dans un danger *imminent*.

Eminent (*péril, danger*), grand.

Imposer, inspirer le respect.

Son air, sa voix, tout *impose*.

En imposer, mentir ou déguiser...

Cet élève *en impose* (il ment.)

Industrieux, adroit, intelligent dans les entreprises.

Industriel, personne qui s'occupe d'industrie; utile à l'industrie.

Pour réussir, un *industriel* doit être *industrieux*, et savoir tirer bon parti des productions *industrielles* qu'il emploie.

Infecter, vicier, donner mauvaise odeur.

Éloigne ce fumier de ta maison, il *infecte*.

Infester, ravager, piller un pays.

Les corsaires africains *infestèrent* longtemps l'Europe.

Inaction, sans action; suspension du travail.

L'*inaction* involontaire attriste l'homme laborieux.

Oisiveté, paresse.

L'*oisiveté* amène la misère.

365. Joindre *à* / *Mêler à* : Ajouter, mettre ensemble, sans confusion.

Sachez *mêler* le travail *au* repos, le repos *au* travail. *Joignez* ma lettre *à* la vôtre.

Joindre avec / *Mêler avec* : former un alliage de plusieurs choses.

En *joignant*, ou *mêlant* du rouge *avec* du bleu, on obtient le violet.

366. L', l' ne doit pas remplacer un mot non exprimé dans la proposition.

Qui ne respecte pas, ne peut espérer de *l'*être; *dire* : ne peut espérer d'être respecté.

L'un et l'autre, tous les deux, ensemble ou séparément.

Avant de prononcer, le juge entend *l'une et l'autre* des parties.

L'un l'autre, exprime la réciprocité.

Ces 2 ouvriers s'aident *l'un l'autre*.

367. Matineux, qui a l'habitude de se lever de bonne heure.	L'homme *matineux* a rarement sujet de se plaindre de sa position.
Matinal, se lever, cette fois, de bonne heure.	Madame a été *matinale.*
Meilleur doit toujours remplacer *plus bon.*	Le père est le *meilleur* ami de l'enfant.
Moindre = *plus petit.*	La *moindre* faveur le comble de joie.
Pire = *plus mauvais.*	L'ignorance est le *pire* des maux.
368. Obliger *à,* dans un temps quelconque.	Votre conduite nous *obligera à* sévir contre vous.
Obliger de, maintenant ou très-prochainement.	Ma sœur est *obligée de* partir.
Observer, signifie accomplir, épier; faire remarquer; — dans ce dernier sens, on doit dire : *je vous ferai observer que...* et non : *je vous observerai...*	*Observez* tous les commandements de Dieu. *Faites observer* à votre sœur que la modestie est la plus belle des vertus On *observera* vos démarches (on épiera.)
369. Participer *à,* avoir part.	Vous *participerez à* notre dîner.
Participer de, tenir de l'un et de l'autre.	Le mulet *participe de* l'âne et du cheval.
Paraître, se dit des apparences.	Ce fruit *paraît* être bon.
Sembler, après examen.	Cette poire *semble* meilleure.
Se **plaindre** *que,* s'emploie avec le subjonctif.	Ne nous *plaignons* pas *que* l'hiver *soit* long, la récolte y gagnera.
Se *plaindre de ce que,* s'emploie avec l'indicatif.	Ne nous *plaignons* pas *de ce que* l'hiver *a été* long.
Plier, doubler l'une sur l'autre les parties d'un linge, d'une feuille. *Au fig.* : modifier le caractère.	Après le repas, *pliez* votre serviette. Pendant que votre fils est jeune, *pliez* son caractère.
Ployer, courber ; — Lafontaine a aussi employé *plier.*	Le fruit fait *ployer* la branche. L'arbre tient bon, le roseau *plie.*
Plus d'un, veut le verbe au singulier. — Le verbe se met au pluriel, s'il y a réciprocité.	*Plus d'un* convive *est arrivé.* *Plus d'un* convive se *sont adressé* des reproches.
370. Retrancher *à,* priver, supprimer.	*Retranchez* le vin à ce malade; il pourrait lui nuire.
Retrancher de, sortir une partie d'un tout.	On *retranchera de* cet ouvrage les quatre derniers chapitres.
Se **rappeler** veut un complément direct. — On met toutefois *de* devant l'infinitif qui suit.	Je me *rappelle* ce grand combat. Tu te *rappelleras de* dire toujours la vérité.
Se souvenir veut *de* ou *des* devant son complément.	Oublions les injures et *souvenons-nous des* bienfaits.

371. Servir à rien, inutile pour le moment.

Servir de rien, qui ne peut plus être utile.

Si ce local ne vous *sert à rien*, permettez-nous d'y abriter la récolte.

Les pleurs d'un condamné ne peuvent lui *servir de rien.*

Suppléer *le* ou *un*, donner l'équivalent de même espèce.

Suppléer à, remplacer par autre chose.

S'il manque dix francs, je *les suppléerai.*

L'adresse peut *suppléer à* la force.

372. Tome, division du travail par l'auteur.

Volume, livre broché ou relié.

On a fait relier les *quatre tomes* de l'histoire de France en *deux volumes.*

Tous deux, *tous trois*... en même temps et de concert.

Tous les deux, tous les trois... l'un et l'autre, les uns et les autres.

Ils vont *tous trois* à pied jusqu'à Lyon (ensemble.)

Charlemagne, saint Louis, Henri IV, ont gouverné *tous les trois* avec gloire.

Tout, signifiant *chaque*, s'écrit au singulier ou au pluriel.

Des bandes de sauvages arrivèrent de *tout* côté; *ou :* de *tous* côtés.

373. Un de, *un des*, veulent le verbe au singulier si un seul des individus dont on parle agit.

Un des fils de Jessé *succéda à* Saül = *un fils des fils de Jessé succéda à Saül.*

C'est *une de* tes tantes qui *écrit.*

Un de, un des, veulent le verbe au pluriel si plusieurs individus agissent.

La vanité est *une des* causes qui *amènent* la ruine des familles.

DEVOIRS : — I. *Le maître dicte quelques phrases renfermant quelques uns des mots qui précèdent; l'élève rend compte du sens de chacun d'eux.* — II. III. *L'élève emploie de lui-même ceux que le maître indique.*

---

374. *NOMS COMPOSÉS dont les noms ou adjectifs qui les forment sont susceptibles de prendre la marque du pluriel.*

(Les noms et les adjectifs écrits en italique restent toujours au singulier ou toujours au pluriel.)

Amour-propre.	Arrière-pensée.	Basse-taille.
Appui-*main*.	Arrière-petit-fils.	Bec-de-*cane*.
Après-dînée.	Arrière-point.	Bec-de-*corbin*.
Arc-boutant.	Arrière-saison.	Beau-père.
Arc-en-*ciel*.	Avant-coureur.	Beau-frère.
Arrière-boutique.	Avant-garde.	Belle-de-*jour*.
Arrière-cour.	Avant-poste.	Belle-de-*nuit*.
Arrière-garde.	Bas-relief.	Belle-fille.
Arrière-goût.	Basse-contre.	Belle-sœur.
Arrière-neveu.	Basse-cour.	Belle-mère.

Bien-fonds.
Blanc-seing.
Carême-prenant.
Char-à-*bancs*.
Chasse-roue.
Chat-huant.
Chausse-trape.
Chauve-souris.
Chef-d'*œuvre*.
Chef-lieu.
Clair-obscur.
Coffre-fort.
Contre-allée.
Contre-amiral.
Contre-basse.
Contre-coup.
Contre-échange.
Contre-enquête.
Contre-épreuve.
Contre-fort.
Contre-jour.
Contre-lettre.
Contre-maître.
Contre-marche.
Contre-marque.
Contre-mine.
Contre-mur.
Contre-ordre.
Contre-partie.
Contre-poison.
Contre-révolution.
Contre-seing.
Contre-vérité.
Cou-de-*pied*.
Court-bouillon.
Courte-pointe.
Crête-de-*coq*.
Croc-en-*jambes*.
Cul-de-*jatte*.
Cul-de-*lampe*.
Cul-de-*sac*.
Dame-Jeanne.
Demi-dieu.
Demi-lune.
Double-croche.
Eau-de-*vie*.
Eau-forte.
Eau-seconde.
Epine-vinette.
Esprit-fort.
Fausse-clef.
Fausse-équerre.
Fausse-porte.
Faux-bourdon.
Faux-col.
Faux-frère.
Faux-fuyant.
Faux-jour.
Faux-monnayeur.
Faux-ourlet.
Faux-pli.
Faux-prophète.
Faux-teint.
Faux-témoin.
Franc-maçon.
Franc-réal (réals.)
Garde-champêtre.
Garde-forestier.
*Grand'*maman.
*Grand'*mère.
Grand-oncle.
Grand-père.
*Grand'*tante.
Gros-bec.
Guet-à-pens.
Haut-de-*chausses*.
Haute-contre.
Haute-cour.
Haute-futaie.
Haute-taille.
Haut-fourneau.
Hôtel-*Dieu*.
Laurier-*rose*.
Lieutenant-colonel.
Longue-vue.
Loup-cervier.
Loup-garou.
Main-courante.
Main-d'*œuvre*.
Main-levée
Martin-pêcheur.
Martin-sec.
Mont-de-*piété*.
Morte-saison.
Non-paiement.
Non-valeur.
Nouveau-né.
Nu-propriété.
Œil-de-*bœuf*.
Oiseau-mouche.
Patte-pelue.
Petit-fils.
Petite-fille.
Petit-gris.
Petit-maître.
Petit-neveu.
Petite-nièce.
Pied-d'*alouette*.
Pied-de-*biche*.
Pied-de-*chèvre*.
Plain-chant.
Plat-bord.
Plate-bande.
Plate-forme.
Plate-longe.
Pont-levis.
Porc-épic.
Pot-au-*feu*.
Pot-de-*chambre*.
Premier-né.
Pré-salé.
Procès-verbal.
Prud'homme.
Quart-d'*heure*.
Reine-*Claude*.
Reine-marguerite.
Rond-point.
Rouge-gorge.
Sage-femme.
Sainte-barbe.
Saint-germain.
Sapeur-pompier.
Sauf-conduit.
Sourd-muet.
Sous-aide.
Sous-arbrisseau.
Sous-amendement.
Sous-bail.
Sous-bibliothécaire.
Sous-brigadier.
Sous-chef.
Sous-diacre.
Sous-directeur.
Sous-entente.
Sous-faîte.
Sous-ferme.
Sous-fermier.
Sous-gouverneur.
Sous-intendant.
Sous-lieutenant.
Sous-locataire.
Sous-maître.
Sous-marin.
Sous-multiple.
Sous-officier.
Sous-ordre.

Sous-pied.
Sous-préfecture.
Sous-préfet.
Sous-sol.
Sous-ventrière.
Steeple-chase (*sti.-chè.*)
Sur-arbitre.
Taille-douce.
Tambour-major.
Tambour-maître.
Terre-plein.
Timbre-*poste*.
Tire-bouchon.
Tire-ligne.
Toute-bonne.
Tragi-comédie.
Ver-à-*soie*.
Vice-amiral.
Vice-chancelier.
Vice-consul.
Vice-légat.
Vice-président.
Vice-roi.
Vice-reine.

DEVOIRS : — *L'élève relève 5, 10, 15... noms composés, il en donne l'explication, et en fait l'emploi au singulier ou au pluriel. Ainsi :*

Après-dînée, *temps compris entre le dîner et le souper, entre midi et le soir.*

Il a étudié toute l'*après-dînée;* — toutes les *après-dînées* sont consacrées à la lecture.

---

375. *NOMS COMPOSÉS dont les parties qui les forment sont invariables.*

(Ceux qui sont suivis de *s* ne s'emploient ordinairement qu'au singulier. — Ceux qui sont suivis de *pl.* ne s'emploient qu'au pluriel.)

Abat-voix.
Après-midi.
Attrape-nigauds.
Auto-da-fé.
Avant-propos.
Avant-scène.
Avant-train.
Avant-veille.
Bec-figues.
Boute-en-train.
Boute-feu.
Boute-selle.
Brèche-dents.
Brise-tout.
Brûle-tout.
Cache-nez.
Caille-lait.
Casse-cou.
Casse-noisettes.
Casse-noix.
Casse-tête.
Chasse-mouches.
Chasse-marée.
Colin-Maillard *s*.
Compte-rendu.
Contre-pied *s*.
Contre-poids.
Contre-poil *s*.
Contre-point *s*.
Contre-poison.
Contre-sens.
Contre-temps.
Coq-à-l'âne.
Corps-de-garde.
Corps-de-logis.
Coupe-gorge.
Coupe-jarret.
Court-bouillon.
Couvre-chef.
Couvre-feu *s*.
Couvre-pieds.
Crève-cœur.
Crève-vessie.
Cric-crac.
Cure-dents.
Cure-oreilles.
Douce-amère *s*.
Emporte-pièce.
Entre-côtes.
Entre-deux.
Entre-ponts.
Entre-sol.
Essuie-mains.
Etat-major *s*.
Fac-simile.
Fausse-alarme *s*.
Fausse-attaque *s*.
Fausse-monnaie *s*.
Faux-frais *pl*.
Faux-fuyant *s*.
Faux-pas.
Franc-parler.
Fier-à-bras.
Flic-flac.
Fouille-au-pôt.
Gagne-pain.
Gagne-petit.
Garde-côtes.
Garde-chasse.
Garde-feu.
Garde-fous.
Garde-main.
Garde-malades.
Garde-manger.
Garde-meubles.
Garde-pêche.
Garde-robes.
Gobe-mouches.
Gras-double *s*.
Grippe-sou.
Guide-âne.

Hache-paille.
Hausse-col.
Havre-sac.
Hors-d'œuvre.
In-douze.
In-folio.
In-octavo.
In-pace.
In-quarto.
Juif-errant.
Laisser-aller.
Laisser-passer.
Belles-lettres *pl.*
Libre-échange *s.*
Main-forte *s.*
Main-morte *s.*
Mange-tout.
Mille-feuilles.
Mouille-bouche.
Non-sens.
Non-usage *s.*
Non-réussite *s.*
On-dit (*Un*).
Palma-christi.
Passe-carreau.
Passe-debout.
Passe-droit.
Passe-fleur.
Passe-partout.
Passe-passe.
Passe-poil.
Passe-port.
Passe-temps.
Patte-pelue.
Pêle-mêle.
Perce-bois.
Perce-neige.
Perce-oreille.
Pèse-liqueurs.
Petites-maisons *pl.*
Petite-vérole *s.*
Petit-lait *s.*
Pied-à-terre.
Pince-maille.
Pince-sans-rire.

Pique-assiette.
Pique-nique.
Porte-allumettes.
Porte-balle.
Porte-cigares.
Porte-crayon.
Porte-crosse.
Porte-enseigne.
Porte-épée.
Porte-étendard.
Porte-étrivières *pl.*
Porte-malheur.
Porte-monnaie.
Porte-montre.
Porte-mouchettes.
Porte-mousqueton.
Porte-plume.
Porte-traits.
Porte-voix.
Pour-boire.
Prête-nom.
Prie-Dieu.
Quatre-temps *pl.*
Qu'en-dira-t-on (*Le*).
Qui-vive.
Rabat-joie.
Rendez-vous.
Réveille-matin.
Rez-de-chaussée.
Rogne-pied.
Ronde-bosse *s.*
Rond-point.
Sainte-barbe *s.*
Saint-Elme (Feu).
Saint-siége *s.*
Saint-office *s.*
Sang-de-dragon *s.*
Sang-froid *s.*
Sans-cœur.
Sans-culotte.
Sans-dents.
Sans-fleur.
Sans-souci.
Savoir-faire.
Savoir-vivre.

Semen-contra.
Sénatus-consulte.
Serre-file.
Serre-papiers.
Serre-tête.
Sot-l'y-laisse.
Souffre-douleur.
Sous-diaconat *s.*
Sous-garde.
Sous-gorge.
Statu-quo.
Sud-est *s.*
Sud-ouest *s.*
Surdi-mutité *s.*
Taille-plumes.
Tâte-vin.
Tête-à-tête.
Tic-tac.
Tiers-état *s.*
Tire-balle.
Tire-bottes.
Tire-bourre.
Tire-fond.
Tire-moelle.
Tire-pied.
Toute-puissance *s.*
Trachée-artère *s.*
Tranche-lard.
Tranche-montagne.
Trente-et-un *s.*
Trois-mâts.
Trompe-l'œil.
Trop-plein.
Trouble-fête.
Trousse-queue.
Vade-mecum.
Va-et-vient.
Va-nu-pieds.
Va-tout.
Vert-de-gris.
Vesse-de-loup.
Vide-bouteilles.
Vif-argent *s.*
Vis-à-vis (*Un*).
Vole-au-vent.

DEVOIRS *(analogues aux précédents.)*

376. *MOTS dans lesquels le son* **cse** *s'écrit*

Par **x** *suivi de* **c.**		*Par* **x** *suivi de* **h.**
Excédant.	Exceptionnel.	Exhalaison.
Excéder.	Exceptionnellement.	Exhaler.
Excellent.	Excès.	Exhausser.
Excellemment.	Excessif.	Exhiber.
Excellence.	Excessivement.	Exhibition.
Exceller.	Exciter.	Exhorter.
Excentrique.	Excitant.	Exhortation.
Excepter.	Excitatif.	Exhumer.
Exception.	Excitation.	Exhumation.

DEVOIRS : — I. *Dicter quelques phrases renfermant quelques-uns des mots ci-dessus; ainsi :* Nos soldats s'EXCITAIENT au combat avec une ardeur EXCEPTIONNELLE et incroyable, etc. — II. *L'élève donne l'explication de 5, 10... mots et les emploie ensuite.*

377. *MOTS dans lesquels* **x** *se prononce* **gz.**

Exact.	Exéat.	Exempt.	Exister.
Exactitude.	Exécrer.	Exemption.	Existence.
Exalter.	Exécration.	Exercer.	Exorbitant.
Examen.	Exécuter.	Exercice.	Exorde.
Exaspérer.	Exemplaire.	Exil.	Exotique...
Exaucer.	Exemple.	Exiler.	*et leurs dérivés.*

DEVOIRS : — I. II. (*Analogues aux précédents*). — III. *Donner un mot, l'élève trouve les dérivés :* EXAMEN, examiner, examinateur...

378. *PRINCIPAUX MOTS dans lesquels* **cse** *s'écrit*

Par **x.**		*Sans* **x.**	
Annexion.	Maxime.	Accéder.	Friction.
Anxiété.	Mexique.	Accélérer.	Fonction.
Apoplexie.	Mixte.	Accessit.	Instruction.
Asphyxie.	Orthodoxe.	Accent.	Infection.
Axe.	Oxide.	Accepter.	Induction.
Axiome.	Oxigène.	Acception.	Jonction.
Boxe.	Paroxisme.	Accès.	Juridiction.
Complexe.	Prolixe.	Accident.	Occident.
Complexion.	Proximité.	Action.	Onction.
Connexe.	Rixe.	Attraction.	Perfection.
Convexe.	Relaxer.	Contraction.	Protection.
Elixir.	Reflexion.	Coction.	Réfection.
Equinoxe.	Saxe.	Conviction.	Sanction.
Fixe.	Sexe.	Destruction.	Succinct.

Par **x.**		*Sans* **x.**	
Flexion.	Sexagésime.	Défection.	Succès.
Flexible.	Taxe.	Distinction.	Succéder.
Fluxion.	Texte.	Direction.	Section.
Hexagone.	Textile.	Election.	Tocsin.
Lexique.	Toxique.	Erection.	Traction.
Luxe.	Vexer.	Extinction.	Vaccin...
Luxurieux.	Vexation...	Extraction.	*et leurs dérivés.*
Luxation.	*et leurs dérivés.*	Faction.	

DEVOIRS : — I. *Donner la signification de 5, 10... mots et les employer.* — II. *Ecrire 10, 15... mots ayant l'articulation* **cse** *exprimé par* **x**, *et autant sans* **x**. — III. *Dicter quelques mots de ce N°, l'élève cherche leurs dérivés.*

---

379. *MOTS dans lesquels* **en** *conserve le son* ein *au lieu de* an.

Abdomen.	Cyclopéen.	Gramen.	Pentagone.
Amen.	Dolmen.	Herculéen.	Pentamètre.
Amentacées.	Eden.	Hymen.	Quinquennal.
Benjamin.	Ennéagone.	Lichen.	Semen-contra.
Benjoin.	Ennemi.	Mémento.	Spécimen.
Cérumen.	Examen.	Mentor.	Spencer.
Crescendo.	Gluten.	Pensum.	Vendéen (*).

(*) La finale *en*, *em*, des noms de peuple et de ville se prononce *ein*, *eim* : *Néméens*, *Chaldéens*, *Sabéens*, *Péruviens*; *Jérusalem*, *Salem*, *Bethléem...*

DEVOIRS : — I. *Le maître donne l'explication de 5, 10... des mots ci-dessus, l'élève la résume.* — II. III. *L'élève emploie ces mots.* — *IV. Ecrire 5, 10... noms propres dans lesquels* em, en = eim, ein.

---

380. *MOTS dans lesquels* **ch = k**, *quoique devant une voyelle.*

Anachorète.	Chiromancie.	Exarchat.	*tous les noms*
Archange.	Choléra.	Gutta-percha.	*propres :*
Archéologie.	Chorégraphie.	Lichen.	Chanaan.
Archiépiscopal.	Choriste.	Manichéen.	Chersonèse.
Archonte.	Chorus.	Orchestre.	Civita-Vecchia.
Bacchanales.	Ecchymose.	Orchis.	Eséchias.
Brachial.	Echo.	Patriarchal.	Machiavel.
Catéchumène.	Enchymose.	Psychologie.	Melchisédech.
Chaos.	Eucharistie.	*Et dans presque*	Michel-Ange...

DEVOIRS : — I. *L'élève écrit 10 des mots ci-dessus; en regard de chacun, il en écrit un autre où* ch *a la prononciation douce* che. — II. *Il en fait l'emploi...*

381. *MOTS en* **teur** *qui font le féminin en* **trice.**

Accélérateur.	Débiteur.	Générateur.	Narrateur.
Accusateur.	Délateur.	Improvisateur.	Négociateur.
Acteur.	Dénonciateur.	Imitateur.	Novateur.
Administrateur.	Désolateur.	Improducteur.	Organisateur.
Admirateur.	Destructeur.	Inspirateur.	Pacificateur.
Adorateur.	Dévastateur.	Inspecteur.	Persécuteur.
Adulateur.	Dilapidateur.	Instigateur.	Perturbateur.
Agitateur.	Directeur.	Instituteur.	Producteur.
Appréciateur.	Dispensateur.	Interlocuteur.	Profanateur.
Approbateur.	Dissimulateur.	Interprétateur.	Protecteur.
Calculateur.	Dissipateur.	Interrogateur.	Réparateur.
Collaborateur.	Distributeur.	Inventeur.	Régulateur.
Conservateur.	Donateur.	Investigateur.	Spéculateur.
Consolateur.	Exagérateur.	Lecteur.	Tentateur.
Contemplateur.	Exécuteur.	Législateur.	Usurpateur.
Coopérateur.	Expéditeur.	Libérateur.	Zélateur...
Corrupteur.	Exterminateur.	Locomoteur.	*ainsi que leurs*
Créateur.	Fascinateur.	Médiateur.	*dérivés.*
Curateur.	Fondateur.	Moralisateur.	

DEVOIRS : — I. *Donner l'explication de 10, 15... mots ci-dessus.* — II. *Ecrire 10, 20... mots en* teur *dont le féminin est en* trice, *et autant dont le féminin est en* teuse. — III. IV. *Faire l'emploi de ces mots au masculin, au féminin...*

382. *ADJECTIFS en* **al** *qui ont le pluriel en* **als.**

Bancal.	Filial.	Nasal.	Papal.
Central.	Final.	Natal.	Pascal.
Conjugal.	Glacial.	Naval.	Théâtral.
Fatal.	Matinal.	Normal.	

Adjectifs en **al** *que l'on n'emploie pas ordinairement au pluriel masculin.*

Amical.	Expérimental.	Médical.	Sentimental.
Annal.	Fluvial.	Mental.	Sidéral.
Austral.	Frugal.	Minéral.	Syndical.
Biennal.	Immémorial.	Monacal.	Thermal.
Boréal.	Initial.	Officinal.	Tinctorial.
Continental.	Instrumental.	Paroissial.	Tropical.
Diamétral.	Intégral.	Patronal.	Vénal.
Directorial.	Labial.	Pénal.	Vésical.
Dominical.	Lustral.	Prévotal.	Virginal.
Estival.	Médial.	Rhumatismal.	Vital.

DEVOIRS : I. *Expliquer le sens de 10, 15... mots.* — II. III. — *En faire l'emploi au singulier, puis au pluriel.*

383. *MOTS principaux dans lesquels* **ti** = **si** (*en dehors des mots en* tion.)

Abbatial.
Ambitieux.
Aristocratie.
Balbutier (*dans tous les temps.*)
Calvitie.
Captieux.
Confidentiel.
Contentieux.
Démocratie.
Différentiel.
Diplomatie.
Facétie.
Factieux.
Ineptie.
Inertie.
Initial.
Initier (*dans tous les temps.*)
Minutie.
Minutieux.
Partiel.
Pénitentiaire.
Pénitentiaux.
Péripétie.
Pestilentiel.
Prétentieux.
Primatie.
Prophétie.
Satiété.
Substantiel.
Vénitien.

Dans leur féminin, et dans les noms propres :

Dalmatie.
Croatie.
Béotie...

DEVOIRS : — I. II. III... (*Analogues aux précédents.*)

384. *MOTS pris dans des langues étrangères.*

SONT VARIABLES.

Accessit.
Agenda.
Album.
Alibi.
Alinéa.
Alto.
A parté.
Aviso.
Bravo.
Concerto.
Concetti.
Débet.
Domino.
Duo.
Factotum.
Factum.
Folio.
Imbroglio.
Lady.
Lavabo.
Lazzi.
Macaroni.
Opéra.
Oratorio.
Panorama.
Pensum.
Piano.
Placet.
Quatuor.
Quolibet.
Récépissé.
Solo.
Tilbury.
Trio.
Zéro.

SONT INVARIABLES.

Adagio.
Alleluia.
Amen.
Auto-da-fé.
Ave, Ave Maria.
Credo.
(Dilettante. Dilettanti *pl.*)
Duplicata.
Ecce-Homo.
(*un* erratum. *des* errata.)
Ex-voto.
Fac-simile.
In-folio...
Iota.
Jéhovah.
Kyrie.
(Lazzarone. Lazzaroni *pl.*)
(Maximum. Maxima *pl.*)
(Minimum. Minima *pl.*)
Memento.
Mezzo-termine.
Ordo.
Pater.
Post-scriptum.
Quiproquo.
Recto.
Statu quo.
Te Deum.
Vade-mecum.
Verso.
Vivat.

385. *MOTS dont l'ortographe présente le plus de difficultés.*

Abbaye.
Abject.
Abrupt.
Adhérer.
Adhésion.
Amict.
Amphibie.
Amphore.
Annihiler.
Antenne.
Anthropophage.
Aqueux.
Archéologie.
Archiépiscopal.
Aspect.
Asphyxie.
Ascendant.
Ascension.
Ascétique.
Assassin.
Assomption.
Athsme.
Authentique.
Automne.

Baïonnette.
Baptême.
Baryton.
Bégueule.
Bisaiguë
Bismuth.
Blatier.
Bourgeois.
Brick.
Cacophonie.
Cahot.
Camphre.
Carquois.
Catarrhe.
Catéchumène.
Cathédrale.
Cédrat.
Chaos.
Chlore.
Chœur.
Chronologie.
Chrysanthème.
Clysoir.
Cohue.
Conscience.
Correct.
Corridor.
Cueillir.
Cymbales.
Cylindre.
Cyprès.
Czar.
Dahlia.
Descendre.
Dessiller.
Défunt.
Diaphragme.
Direct.
Disciple.
Dyssenterie.
Distincte.
District.
Echo.
Eclipse.
Ellipse.
Empan.
Emphase.
Emprunt.
Enceinte.
Enchaîner.
Encyclopédie.
Enigme.
Enivrer(*anivrer*
Envahir.
Enthousiasme.
Epieu.
Epilepsie.
Episootie.
Epithète.
Escient.
Escompte.
Essaim.
Esthétique.
Ether.
Exact.
Exempt.
Express.
Fasciner.
Fashion.
Feld-maréchal.
Gageure (*gajure*)
Gemme, *sel.*
Gentilhomme.
Gnomonique.
Groom.
Gueule.
Guignier.
Gymnase.
Gypse.
Hangar.
Hémisphère.
Hémorroïdes *pl.*
Hennir.
Hériter.
Honnête.
Hoirie.
Houssine.
Huître.
Hydraulique.
Hydromel.
Hypoténuse.
Hypothèque.
Infect.
Inhabité.
Inhumer.
Intact.
Joailler.
Jockey.
Jument.
Juxtaposé.
Keepsake *kipséke*
Kirsch-Wasser.
Kyrielle.
Larynx.
Léthargie.
Lithographie.
Losse.
Lynx.
Lycée.
Miss.
Moribond.
Myrrhe.
Mystère.
Nickel.
Nid.
Nymphe.
Oblong.
Obscur.
Œuf.
Oïdium.
Ophthalmie.
Osciller.
Ouate.
Patient.
Périhélie.
Phosphore.
Phthysie.
Piqûre.
Plébiscite.
Plinthe.
Psaume.
Psyché.
Punch.
Pythie.
Quartz.
Razzia.
Rhabillage.
Rhododendron.
Rhombe.
Rhume.
Rhythme.
Salsifis.
Sangsue.
Sanhédrin.
Sept.
Sceller.
Sceptre.
Shako *ou* schako.
Schisme.
Schiste.
Scie.
Scinder.
Scintiller.
Sculpter.
Siccatif.
Sloop.
Smalah.
Sœur.
Soupçon.
Spahis.
Sparadrap.
Sphère.
Spectacle.
Sphinx.
Spleen (*spline.*)
Stalactite.
Sterling.
Stigmate.
Strict.
Strophe.
Succinct.
Suspect.
Svelte.
Sympathie.
Symphonie.
Synchronisme.
Synthèse.
Syzigie.
Technique.
Théière.
Thermal.
Thorax.
Thym.
Toussaint.
Transept.
Transfert.
Tréteau.
Triglyphe.
Tronçon.
Troussis.
Tuyère.
Tympan.
Typhoïde.
Vieillir.
Vieille.
Villageois.
Wagon.
Wist.
Wiski.
Yacht.
Yeux.
Yole.
Zagaie.
Zénith.
Zéphyr.
Zigzag.
Zinc.
Zoophyte.

386. ALPHABET MANUEL DES SOURDS-MUETS.

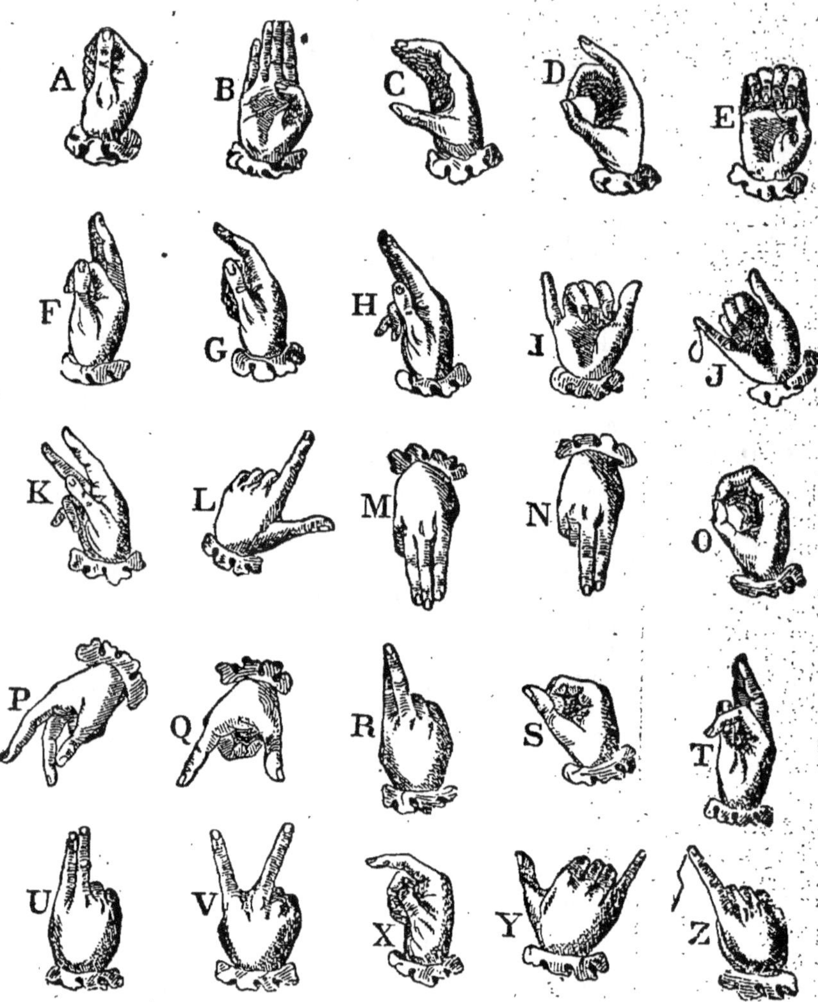

TABLE-QUESTIONNAIRE.

A quoi servent les mots? — Énoncer un mot; le représenter. — Orthographe. — Lettres ou alphabet. — Autres signes. — Combien de lettres dans l'alphabet? — Espèces de lettres. — Sons ou voyelles. — Consonnes. — Voyelles composées. — Consonnes composées. — Syllabe. — Combien de lettres dans une syllabe? — Syllabe diphthongue. — Combien de syllabes dans un mot? — Monosyllabe. — Polysyllabe. — Terminaison d'un mot. Moyen de la trouver. — Nommez les divers signes orthographiques, et représentez-les? (N° 1 à 9.)

Dans quels mots *a* est-il nul? — Dans quelles voyelles composées le trouve-t-on? — *a* suivi de *ill* conserve le son propre. — Son de la finale *ail.* — Dans quels mots *b* est-il double? — Le *b* veut-il un *n* devant lui? — Manières de prononcer le *c.* — Quand le *c* prend-il la cédille? — Dans quels mots *ch* = *k*? *c* = *g*? — Quels mots prennent deux *d*? — Manière de prononcer le *d* final. — Combien de sortes d'*e*. — Quand prend-il l'accent aigu? — L'accent grave? — Moyen de reconnaître l'*è* ouvert. — Les lettres ajoutées pour cause d'accord ne changent point l'*e*. — *e* suivi de *x* n'a jamais d'accent. — *em* = *am; en* = *an.* — Diphthongue *ien.* — Mots ou *i en* = *i an.* — Mots où *em* = *eim;* où *en* = *ein.* — Dans quels mots le *f* est-il double? — Dans quels mots *f* est-il simple? — Manières de prononcer le *g.* — Consonne *gn.* — *H* est nulle ou muette; *h* est aspirée et compte comme consonne; *h* est aspirée dans *héros* et non dans ses dérivés. — *I, i* perd sa voix dans *ai, ei, in, im;* — *i* suivi de deux *m* ou de deux *n.* — Prononciation du *j;* du *k.* — Dans quels mots on double *l*? — *lh* dans les noms propres = *ill.* — Effets du *m* et du *n* sur l'*e* et sur l'*i* qui les précède. — Quelles lettres veulent *m* au lieu de *n* devant elles. — Mots dans lesquels *o* est nul. — Voyelles *oi, ou, œu.* — Dans quels mots *oo* = *ou.* — Mots où *p* se double; — mots où *p* est simple. — *ph* = *f.* — Les mots exprimant multiplicité ont un *p.* — *q* est suivi de *u.* — *qua* = *quoi* (*équateur, etc.*) — *q* = *cu* (*équitation, etc.*) — Mots qui ont *c* devant *qu.* — Comment finissent les noms d'arbre et de métier? — Mots où *r* est double. — Quand est-ce que *s* = *z*?

Mots exceptés.—Mots où *t* est double.—Mots où *t* = *s* (*action, initiale, etc.*) — *u* perd sa voix dans *au, ou;* quel signe la lui rend? —.Mots où *um* = *om*. — prononciation du *v*; du double w : *w* = *ou*; *w* = *v*; *w* = *eu*. — *x* = *cs*; *x* = *gz*; *x* = *ss*; *x* = *z*. — Quand *y* vaut-il deux *i*? quand vaut-il un *i*? — A la fin de quels mots *z* se fait-il sentir? (10-37.)

Emploi des majuscules. — Majuscules, — minuscules, — italiques. — Quand faut-il employer les majuscules (38.)

Des Accents. page 10.

Accents. — Espèces d'accents. — Où se place l'accent aigu? — l'accent grave? — Mots en *ège*. — Prépositions qui prennent l'accent grave. — Adverbes qui ont l'accent grave. — Divers noms qui ont l'accent grave sur la dernière syllabe. — Sur quels mots met-on l'accent circonflexe? — Mots en *ême; le nôtre, le vôtre;* verbes en *aître*, et en *oître;* passé défini; imparfait du subjonctif. — Quels participes passés prennent l'accent circonflexe? (39-43.)

De l'Apostrophe. page 11.

Lettres que remplace l'apostrophe. — Quand remplace-t-elle *a*? — Quand faut-il mettre l'apostrophe à *je, me, te, se, le, que, de, ce, ne*? — à *jusque*? à *lorsque, puisque, quoique*? à *grande*? — à *qu'elle*? — Mot où l'apostrophe remplace *i*. — Quel nom donne-t-on à ce retranchement de lettre? (44-48.)

Cédille. Tréma. Trait-d'union. page 12.

Dans quel cas faut-il la cédille sous le *c*?

De quoi est formé le tréma? — Effet du tréma. — Mots où l'*e*, quoique muet, prend le tréma. — Faut-il un tréma à *Israël, poëte*?...

A quoi sert le trait-d'union? — Quand le met-on entre *Saint, San*... et le nom qui suit? — Entre les mots formant un nombre? — Entre le verbe et les pronoms suivants? — Moyen de reconnaître le *t* euphonique des pronoms *te, toi*. — Trait-d'union à la fin d'une ligne (49-53.)

Guillemets, Parenthèses ou Crochets. page 13.

Mots qu'on doit mettre entre guillemets. — Où place-t-on les guillemets? — Mots qu'on doit mettre entre parenthèses. — Les virgules les remplacent souvent avec avantage (54-55.)

Ponctuation. page 14.

Qu'est-ce que ponctuer? — Nommez et représentez les signes de ponctuation?

De la virgule. — Quels mots doit-on séparer par la virgule? — Conjonctions qui tiennent lieu de la virgule; — virgule malgré ces conjonctions. — Mots ou termes à mettre entre deux virgules. — La virgule se met aussi à la place d'un verbe sous-entendu.

Du point-virgule. — Membres de phrase qu'on doit séparer par le point-virgule. — Avec la conjonction *et* met-on le point-virgule? — Le point-virgule sépare les énumérations coupées par des virgules.

Du point. — Où se place le point? — Qu'appelle-t-on *points de suspension?* — Qu'expriment ces points dans l'intérieur d'une phrase? — à la fin?

Des deux-points. — Les deux points annoncent : une citation ; — une énumération; — une explication de ce qui précède. — Dans quel de ces trois cas met-on la majuscule après les deux-points?

Du point d'interrogation. — Emploi du point d'interrogation. — L'interrogation doit être directe.

Du point d'exclamation. — Après quels termes met-on le point d'exclamation? — Quels mots sont toujours suivis du point d'exclamation ? (56-60.)

Des mots. page 16.

Mot. — Complément d'un mot. — Mot employé dans le sens propre ; dans le sens figuré. — Mot sous-entendu. — Mots en apostrophe. — Combien de classes fait-on de tous les mots de la langue française? — Espèces de mots variables. — Pourquoi on les nomme variables. — Espèces de mots invariables (63-70.)

Genres, Nombres, Personnes. — Combien de genres dans la langue française? — Masculin; — féminin. — Combien de nombres? — Singulier ; — pluriel. — Combien de personnes? — Première; — deuxième; — troisième.

Du Nom. page 17.

Nom. — Espèces de noms. — Nom commun ; — nom propre. — Nom masculin; — nom féminin. — Manière de trouver le genre des noms d'objets et d'animaux. — Nom singulier ; — nom pluriel (74-78.)

Pluriel des noms. — Comment forme-t-on le pluriel d'un nom? — Pluriel des noms terminés par *s, x, z;* — des noms en *eau* et en *eu;* — Les noms en *eau* ont-ils toujours un *e* muet devant *au, aux?* — Combien de noms en *ou* prennent *x* au pluriel? — Pluriel des noms en *al.* — Ces noms ont-ils un *e* devant *aux?* — Sept noms en *al* font *als;* et sept en *ail* font *aux.* — Remarque sur *travail.* — *Ciel, œil, aïeul,* ont deux pluriels (79-84.)

Noms composés. — Qu'appelle-t-on nom composé? — Quels mots des noms composés peuvent prendre la marque du pluriel? — Cas où les mots d'un nom composé restent au singulier quoiqu'il soit au pluriel, et réciproquement. — *ex* suivi d'un nom... (85-87.)

Remarques sur les Noms. — Nom déterminé. — Personne des noms. — Prénoms. — Les noms propres veulent une majuscule; — ils sont invariables. — Cas où un nom propre prend la marque du pluriel. — *Gens.* — *Tout,* quoique devant gens, reste au masculin dans deux cas : (*Tous les... tous les braves...*) — Terminaison des noms féminins. — Noms féminins en *té* et en *tié.* — Noms féminins qui ne prennent pas d'*e* muet (5 en *i,* 8 en *oi,* 4 en *u...*) — Terminaison des noms d'arbre et de métier. — Noms qui n'ont pas de pluriel; — noms qui n'ont pas de singulier. — Les noms empruntés à des langues étrangères prennent-ils tous la marque du pluriel? (384) — Un nom complément d'un autre nom prend ou rejette le pluriel. — Noms qui sont tantôt du masculin et tantôt du féminin. — Noms dont le genre embarrasse : *ivoire, stade... gaufre, nacre...* (88-100.)

Noms collectifs. — Qu'appelez-vous nom collectif? — Espèces de noms collectifs : — général; — partitif. — Quels adverbes font l'office de collectifs?

De l'Article. page 22.

Article. — Noms propres qui prennent l'article. — Espèces d'articles. — Simples; — contractés. Pourquoi on les nomme contractés et non composés (104-105.)

Observations sur l'Article. — Quand faut-il retrancher *e* de *le?* — Quand élide-t-on *la?* — Qu'est-ce qui tient lieu de la lettre retranchée? — On répète l'article devant chaque nom. — Peut-on le répéter devant les adjectifs? — Dans quel cas faut-il employer *de,* au lieu de *du, des, de la?* — Cas où malgré le qualificatif on emploie ces articles. — Quels adverbes ou collectifs empêchent l'emploi de *du, des, de la.* — Noms de suite employés sans article (106-109.)

De l'Adjectif. page 24.

Adjectif. — Espèces d'adjectifs. — Donnez la signification s mots *qualifier, déterminer.*

Adjectif qualificatif. — Se place-t-il avant ou après le m? — Est-il toujours indifférent de mettre l'adjectif ant le nom ou après le nom? (111-112.)

Adjectif déterminatif. — Espèces d'adjectifs déterminatifs. Numéral (*card.* et *ord.*) — Possessif. — Démonstratif. — défini. — L'adjectif déterminatif précède toujours un m. (113-119.)

Féminin des Adjectifs. — Comment se forme le féminin un adjectif? — 1re règle. — 2me règle. — Quels adjectifs ublent la consonne finale? — Adjectifs en *et* qui ne ennent qu'un *t*. — Féminin de *beau, nouveau, fou, mou;* and font-ils *bel, nouvel, fol, mol* au masculin? — *Jumeau, melle.* — Féminin des adjectifs terminés par *f,* — par *x,* par *c*. — Adjectifs en *x* qui ne suivent pas la règle. — em des adjectifs en *c*. — Adjectifs en *eur;* — en *teur;* — en *ieur.* — Adjectifs qui ont un féminin tout particulier *erviteur, malin...*). — Adjectifs des deux genres. (120-130.)

Pluriel des Adjectifs. — Comment forme-t-on le pluriel un adjectif? — Adjectifs terminés par *s, x.* — Adjectifs rminés par *eau;* — par *al.* (131-134.)

Accord des Adjectifs. — De quel genre et de quel nombre ont les adjectifs? — Si l'adjectif est ajouté à deux ou pluieurs noms de même genre; — de genre différent? — Dans uel cas l'adjectif reste au singulier, quoique ajouté à deux oms singuliers? (135-138.)

Remarques sur quelques Adjectifs. — 1° *Adjectifs qualificafs.* — Quand faut-il faire accorder l'adjectif *feu*? — *Nu, emi.* — *Ci-joint.* — Adjectif employé comme adverbe. — 'adjectif composé de deux qualificatifs est invariable — as où le dernier s'accorde. — Qualificatif employé comme om. — Nom devenu adjectif. — Tout mot peut devenir un om : à quoi reconnaît-on ce changement? (139-144.)

2° *Adjectifs déterminatifs.* — Remarque sur *vingt* et *cent.* — In adjectif numéral ordinal a souvent la forme d'un adj. um. cardinal (page *vingt*). — Dans quel cas on ne peut employer *à* entre deux nombres? — *Mil* s'écrit de trois manières. — *Mon, ton, son,* sont-ils toujours du masculin? — Quand faut-il supprimer l'adjectif possessif? — Quand aut-il remplacer *son, sa, ses,* par l'article et le pronom *en*? — *Ce* prend quelquefois un *t.* — Quand est-ce que *même* cesse d'être adjectif? — *Idem* pour l'adjectif *tout*. — Observations sur *quelque, quel que*. — *Quelque* signifiant environ. — Cas où *nul* et *aucun* peuvent se mettre au pluriel. — — Qu'exige *chaque*? (145-156.)

Du Pronom. page 30.

Pronom. — Quand est-ce qu'un pronom est de la 1re personne? — De la 2me? — De la 3me? — Espèces de pronoms. — Personnel; — possessif; — démonstratif; — relatif; — indéfini. (157-164.)

Accord des pronoms. — De quel genre et de quel nombre sont les pronoms? — Si un pronom remplace plusieurs noms de même genre? — S'il remplace des noms de genre différent? (165-167.)

Remarques sur les pronoms. — *Nous, vous,* employés pour *je, tu,* qu'exigent-ils? — *Le, la, les,* peuvent être pronoms. — Pronom *le* remplaçant un adjectif ou un nom devenu adjectif. — Moyen de distinguer *qu'elle* de *quelle*. — *Leur,* pronom personnel, est invariable; *le leur* pronom possessif s'accorde. — *Le nôtre, le vôtre,* différent de *notre, votre*. — Pronoms démonstratifs qui remplacent le nom des objets proches; — des objets plus éloignés. — Distinguer *ce, c'* de *se, s'*. — Le pronom *qui* après une préposition. — De quel genre est le pronom *personne*? le nom *personne*? — *chacun,* veut après-lui tantôt *son, sa, ses;* tantôt *leur, leurs*. — Quand met-on *l* euphonique devant *on*? — Quand est-ce qu'on emploie *que l'on* au lieu de *qu'on*? — Emploi de *soi* au lieu de *lui*. (168-178.)

Du Verbe. page 32.

Verbe. — Ce qu'on nomme action. — Sujet du verbe. — Sujet simple. — Sujet composé. — Moyen de trouver le sujet d'un verbe. — Attribut du sujet. — Qu'est-ce qui unit, toujours, l'attribut au sujet? — Attribut simple. — Attribut composé. — L'attribut n'est-il pas, souvent, sous-entendu après le verbe être? — Complément du verbe ou mieux de l'attribut. — Complément direct; — complément indirect. — Manière de les distinguer. — Qu'appelle-t-on proposition ou jugement? — Qu'est-ce qu'une Phrase? — Terme explicatif. (179-188.)

Modifications du verbe. — Que signifie le mot modification? — Combien de modifications ou causes de changement dans le verbe? — Le nombre fait changer le verbe; exemple. — La personne fait changer le verbe; le temps aussi. — Temps principaux : — présent; — passé; — futur. — Le présent se subdivise-t-il? — Comment se subdivise le temps passé? — Le futur? — (Emploi des différents passés et des deux futurs). — Différence à établir entre le *passé antérieur défini*, le *passé antérieur indéfini* et le *plus-que-parfait;* entre le futur et le futur antérieur. *Note.* — Mode. — Combien de modes? — A quoi connaît-on qu'un verbe est à l'indicatif? — au conditionnel? — à l'impératif? — au subjonctif? — à l'infinitif? (189-196.)

Espèces de verbes. — Verbe substantif; — verbes attributifs. — Ne pourrait-on pas dire qu'il n'y a qu'un verbe, le verbe *être?* — Dans quel cas un verbe attributif est-il réfléchi? — unipersonnel? — Sujet apparent du verbe unipersonnel. — Où se trouve ordinairement le vrai sujet de ce verbe? — Le verbe *être* peut-il aussi devenir unipersonnel? Exemple. (197-199.)

Conjugaisons. — Conjuguer un verbe. — Comment se terminent tous les verbes français à l'infinitif? — Combien de conjugaisons? — Quels verbes comprend la 1re conjugaison? — la 2me? — la 3me? — la 4me? — Modèle des conjugaisons. — Verbes réguliers; — verbes irréguliers; — verbes défectifs (200-203.)

Des auxiliaires. — Qu'appelle-t-on verbes auxiliaires? — Combien d'auxiliaires? — A quels verbes aide l'auxiliaire *avoir?* — l'auxiliaire *être?* — *être* pour *avoir* dans les verbes réfléchis. — Temps simple; — composé. — Cas où le verbe *être* est réellement *verbe* bien qu'il paraisse auxiliaire. (204-207.)

Conjugaison des verbes avoir *et* être. — Récitez le verbe *avoir* au présent de l'indicatif? — au futur? — au présent du subjonctif... etc... (*Questions analogues pour le verbe être.*) — Moyen de reconnaître la 3me personne du passé défini, de la 3me personne de l'imparfait du subjonctif. — Moyen de distinguer la terminaison *rai* du futur de la terminaison *rais* du conditionnel. (208-211.)

Terminaison des temps simples. — Quelles sont les terminaisons du présent de l'indicatif? — de l'imparfait? du passé défini? — du futur? — du présent du conditionnel? — de l'impératif? — du présent du subjonctif? — de l'imparfait du subjonctif? — de l'infinitif? — du participe présent? — du participe passé? — Terminaison des verbes en *er* au présent de l'indicatif; — au passé défini. — Présent des verbes en *dre;* — en *indre* et en *soudre.* — Présent des verbes *cueillir, ouvrir,* et de ceux en *frir.* — La conjugaison des temps composés présente-t-elle des difficultés? — Radical d'un verbe. (212-215.)

Modèles des 4 conjugaisons. — Conjuguez le verbe *aimer* au présent de l'indicatif, à l'impératif, au futur, etc.., aux temps composés. — Conjuguez le verbe finir dans tous ses temps simples, etc... (*Questions analogues pour les autres conjugaisons. — Mêmes questions sur d'autres verbes :* trouver, polir, fendre, etc. — *Avoir soin de faire remplacer de temps en temps* il, ils, *par* elle, elles, *et par des noms*).

Quelle remarque fait-on sur le participe passé d'un verbe conjugué avec *être*? — Conjuguez le verbe *partir* au futur? — au passé indéfini? — au plus-que-parfait du subjonctif? — Conjuguez *aller* dans ses temps composés.

Le participe passé des verbes réfléchis étant conjugué avec *être*, s'accorde-t-il comme celui des verbes *partir*, *aller*? — Verbes essentiellement réfléchis. — Dans quel cas le verbe être et l'attribut sont remplacés par un verbe réfléchi?

Conjuguez le verbe unipersonnel, *neiger*, etc. — Quels verbes sont toujours unipersonnels? — Quand est-ce qu'un verbe devient unipersonnel? (217-226.)

Place du sujet. — Quelle est la place ordinaire du sujet? — Où se place le sujet lorsqu'on interroge avec un temps simple? — avec un temps composé? — Manière d'interroger si le sujet ne peut convenablement être placé après le verbe. (*cours-je?...*) — Sujet sous-entendu. — Si un 1er verbe est négatif, le sujet ne peut se sous-entendre devant le second.—Expressions qui ont le sujet après le verbe. (227-230.)

Accord du verbe avec son sujet. — De quelle manière le verbe s'accorde avec le sujet? — Cas où le verbe a deux sujets singuliers de la même personne; — de différentes personnes. — Personnes qui ont priorité. — Peut-on réunir les divers sujets dans un mot collectif *ce, tout*?.. — Sujets singuliers unis par *ou;* — cas qui permet de mettre le verbe au pluriel. — Sujets placés par gradation. — Sujets unis par *comme, de même que, ainsi que, aussi bien que.* — Sujets singuliers joints par *ni;* — cas où l'on doit laisser le verbe au singulier. — Comment s'accorde le verbe si le sujet est un collectif général? — un collectif partitif? — Fonction des infinitifs et de tout autre mot employé comme nom. — Ne pas mettre des sujets superflus (*moi, j'ai joué...*) (231-240.)

Observations sur les Verbes. page 51.

Verbe **être**. — Remarque sur le verbe *être* précédé des pronoms *ce, c'*. (241.)

Verbes en **er**. — Verbes en *cer;* — verbes en *ger;* — verbes en *guer;* — verbes en *eler, eter;* en *èler, èter.* — Verbes en *iter;* — verbes en *mander;* — verbes en *onner.* — Le futur et le conditionnel des verbes en *er* ont toujours un *e* devant *rai, ras... rais...* (242-249.)

Verbes en **ir**. — Remarque sur le verbe *haïr;* — sur le verbe *fleurir;* — sur le participe passé du verbe *bénir;* — sur le verbe *bâtir* et *battre;* — sur les verbes en *enir;* — sur le verbe *vêtir* (250-255.)

Verbes en **oir**. Remarque sur les participes passés *dû, mû.* — Gardent-ils l'accent circonflexe au féminin? (256.)

Verbes en **re**. — Les verbes en *endre* ont toujours un *e* excepté répandre. — Verbes en *aître* et en *oître.* — Différence écrite entre *croît* de *croître*, et *croit* de *croire.* — Combien de verbes en *indre* prennent *ain?* — *Battre* et *mettre* ont deux *t.* — Participe passé du verbe *taire.* — *Dire* fait au présent *vous dites*, les composés de dire font-ils ainsi? (*dédire*, vous *dédisez*). (257-262.)

Remarques. — Que fait-on si un verbe finit par une voyelle et est suivi de *il, elle, on?* — Le *t* est-il toujours euphonique? — Manière de reconnaître que ce *t* est un pronom. — Impératif terminé par une voyelle et suivi de *son* complément exprimé par *y* ou *en.* — Met-on un *s* à l'impératif lorsque *y, en,* ne sont pas *ses* compléments? — Peut-on unir un complément à deux verbes avec la même préposition? — Cas où ce n'est pas possible. (264-267.)

Participe. — Comment tient-il du verbe? — de l'adjectif? — Espèces de participes.

Participe présent. — Est-il variable? — Moyen de le distinguer de l'adjectif semblable. (Exemple). — Le participe présent a-t-il toujours la même orthographe que l'adjectif semblable? (*fatiguant, fatigant; négligeant, négligent.*. (271-274.)

Participe passé. — De combien de manières peut-on employer le participe passé? — Participe passé employé seul; — avec être; — avec avoir. — Participe passé des verbes réfléchis.

Observations sur le participe passé. — Participe passé du verbe *être*, invariable. — Participe passé des verbes unipersonnels. — Participe suivi d'un infinitif. — *Fait* suivi d'un infinitif. — Participe ayant pour complément une proposition représentée par *le, l'*. — *Dû, pu, voulu*, ayant pour complément un infinitif sous-entendu. — En parlant du prix, *coûté, valu*, sont invariables. — Cas où le participe passé s'accorde avec *le peu ;* — cas où il s'accorde avec le nom qui suit. — Quels participes restent invariables, placés avant le nom? (*supposé, excepté, vu...*) (281-290.)

De la Préposition. page 63.

Préposition. — Prépositions simples ; — composées ou locutions prépositives. — Elles forment avec le mot suivant un complément indirect. (291.)

Observations sur les prépositions. — Quelles prépositions prennent l'accent grave? — Distinguer la préposition *en* du pronom *en*. — Remarque sur *voici, voilà ;* — sur *près de, prêt à;* — sur *entre, parmi.* — *A travers, au travers*, veulent un complément différent. — *Quant à.* — Répétition des prépositions *à, de, en;* — dans quel cas répète-t-on les autres prépositions? — Qu'exige la préposition *sans* si on la répète? — *Sans* peut être remplacé par *ni*. — Prépositions sous-entendues (*dormir une heure.*) (292-301.)

De l'Adverbe. page 64.

Adverbe. — Adverbes simples. — Composés ou locutions adverbiales.

Observations sur les adverbes. — Adverbes qui prennent l'accent grave sur la dernière voyelle. — Différence entre *y* adverbe et *y* pronom. — Quels adverbes en *ment* prennent deux *m*? — Adverbes en *ment* qui ne prennent qu'un *m*. — Différence entre *plutôt* et *plus tôt ;* — entre *de suite* et *tout de suite;* — entre *tout à coup* et *tout d'un coup;* — *Alentour, auparavant, davantage*, ne veulent pas de complément; quels mots, dans ce cas, doivent les remplacer? — Différence entre l'adverbe *peut-être* et les verbes *peut être.* — *Ne que = seulement ;* — *que de = combien.* — Différence entre *si*, adverbe, et la conjonction *si*. — Devant quels mots emploie-t-on *si, aussi?* — *tant, autant?* — Quand faut-il employer *aussi, autant?* — *si, tant?* — Quand est-ce que *le plus, le mieux, le moins*, sont variables? — invariables? — Qu'expriment *oui* et *non?* (303-315.)

La négation. — *Ne, ne pas, ne point*, sont les trois négations. — Où se place le verbe employé négativement, si le temps est simple? — si le temps est composé? — Cas où l'on peut remplacer *pas* ou *point* par *ni.* — Mots qui font supprimer *pas* et *point.* — Verbes qu'on doit employer avec deux négations ou sans négation (*douter, nier.*) — *Autre, autrement, plus, mieux, moins,* veulent la négation après, s'ils ne l'ont avant. — *Défendre, avant que, sans que,* rejettent la négation. — Dans quel cas *craindre, avoir peur...* veulent *ne?* — Dans quel cas on met *ne pas*? — *Empêcher* veut un verbe négatif après lui. (316-324.)

De la Conjonction. page 67.

Conjonction. — Rappelez de quoi est composée une proposition? — Conjonctions simples; — composées ou locutions conjonctives. — *Et, ni, ou,* peuvent unir des mots de même espèce. (325-326.)

Observations sur les conjonctions. — Quand faut-il employer *et?* — Cas où l'on supprime *et.* — Cas où l'on emploie *ni.* — *Soit* se répète ou se remplace par *ou.* — *Parce que* en deux mots, *par ce que* en trois mots. — *Quoique* en un mot, *quoi que* en deux mots. — Comment s'écrit la conjonction *quand?* — Quelle conjonction emploie-t-on dans les comparaisons? — *Que*, peut remplacer *quand, comme, afin que...* — Gallicisme *que de.* (327-336.)

De l'Interjection. page 69.

Interjection. — Interjections simples; — composées. — Quel signe met-on après chaque interjection? — A quoi équivaut toute interjection.

Observations sur les interjections. — Où se place *ô* seul? — Quelles interjections expriment la douleur ou la joie? — la douleur seulement? — la surprise? — l'interrogation? — l'indifférence? (337-339.)

De la construction des Phrases. page 70.

Emploi naturel des mots pour former la phrase. — Place des termes explicatifs. — Des compléments. — Prépositions qui doivent les lier. — Dans quels cas le complément indirect peut-il se placer avant le complément direct? — De combien de manières peut-on déroger à la construction naturelle ? — Pléonasme. — Est-il quelquefois permis? — Quand est-il vicieux? — Ellipse. — Inversion; — elle ne doit présenter aucune équivoque. — Syllepse.

Des Synonymes. page 72.

Qu'entend-on par synonymes? — Quel avantage offrent-ils? — Quels sont les synonymes de *douleur,* de *séjour,* etc, etc.

Des Homonymes. page 72.

Qu'appelle-t-on homonymes? — Ecrivez les homonymes du mot *compte?* — Donnez le sens de chacun de ces mots? etc.

Lettre alphabétique. page 74.

Comment classe-t-on les lettres de l'alphabet? — Qu'est-ce qu'écrire des mots par lettre alphabétique? — Si les mots commencent par la même lettre, quel est celui qu'on doit écrire le premier?— Si les 2, 3, 4... premières sont les mêmes?

Abréviations. page 75.

Qu'est-ce qu'abréger un mot? — D'où part ordinairement une abréviation? — Que doit-on mettre à la place des lettres retranchées? — *Lettres supérieures;* — leur usage. — Abrégez de diverses manières le mot *contribution*... Quelle est l'abréviation de *Notre-Seigneur?* de *Sa Majesté?* de *septembre?*..

Notes à consulter. page 76.

Quelle différence faites-vous entre *anoblir* et *ennoblir?* — entre *calomnier* et *médire?* — entre *tome* et *volume?* etc.

FIN.

www.ingramcontent.com/pod-product-compliance
Lightning Source LLC
LaVergne TN
LVHW020352230826
846091LV00003B/1072

* 9 7 8 2 0 1 3 2 6 1 6 4 7 *